老子思想研究

黃 登 山 著

文史哲學集成
文史哲出版社印行

國家圖書館出版品預行編目資料

老子思想研究 / 黃登山著. - 修訂再版 -
臺北市：文史哲, 民 106.06
頁; 公分（文史哲學集成；344）
參考書目： 頁
ISBN 978-986-314-373-4（平裝）

1.(周)李耳 2.學術思想 3.先秦哲學

121.31 106010606

文史哲學集成 344

老子思想研究

著者：黃登山
出版者：文史哲出版社
http:// www.lapen.com.tw
e-mail：lapen@ms74.hinet.net
登記證字號：行政院新聞局版臺業字五三三七號
發行人：彭正雄
發行所：文史哲出版社
印刷者：文史哲出版社
臺北市羅斯福路一段七十二巷四號
郵政劃撥帳號：一六一八〇一七五
電話886-2-23511028・傳真886-2-23965656

實價新臺幣二八〇元

民國八十四年（1995）七月初版
民國一〇六年（2017）六月修訂再版

ISBN 978-986-314-373-4 00344

曾序

認識登山的人都知道，只要他在場，必然滿座春風；因為他喜歡說笑話，無論葷素雅俗都能畫龍點睛，令人絕倒。所以登山的日子充滿歡樂，他享有的是愉快的人生。

也許有人要說，登山素有中國亞蘭德倫之稱，是學術界公認的美男子，風度翩翩，舉止瀟灑，望之如玉樹婆娑，醉之如玉山傾倒。如此俊秀，焉能不處處受人歡迎。

然而二三十年來我所知道的登山，之擁有人間愉快，不因他的談笑、不因他的俊美，而是因他純任自然、勇於奉獻。只因他純任自然不虛不假不造不作，精誠所至，使得他既有愛情親情，更有友情人情；只因他勇於奉獻作而不辭為而不恃，盡心竭力，使得東吳夜間部一團和氣、蒸蒸日上。而我知道，登山的這一切，都源本他懷抱的《老子》；也就是說，登山長年研究老子，也將老子思想的菁華，身體力行的實踐於生活之中。

登山繼《老子釋義》之後，新近出版《老子思想研究》一書。讀《老子釋義》時，非常佩服他的披沙撿金，要言不煩。現在讀《老子思想研究》一書，深覺行文簡潔，於含茹百家英華之餘，淺則淺之、精則發之，層次分明、條理井然，布綱置目，循循善誘，使人不覺終篇，而愛不釋手。於是乎老子思想非愚民非懦弱非絕學棄智非消極出世非陰謀權勢更非無政府的烏托邦，乃果然了悟於胸中。而觀其〈老子論人生〉、〈老子論政治〉二章，其於登山，更如見其人。乃知老子中有登山，登山中亦有老子矣。

也因為登山身上有老子，所以能人間愉快，我們和他作朋友，也能相視莫逆、相顧到爾我。他長我幾歲，向來以兄事之，而居然新書出爐，請序於我，我知登山性情，何須拘泥，乃敢草此以見其為學與為人，幸不以我為狂。

曾永義

序於台大長興街宿舍

民國八十五年十月四日晨

黃 序

道可道 非常道

黃登山教授在他這一本《老子思想研究》的新著中，歸結出了底下幾個重要的論點：一、老子有深厚的救世思想，所以他是入世的而不是出世的。二、老子反對的是現實社會的弊端而不是反對文明。三、老子主張固守天真的「大智若愚」，絕無愚民思想。四、老子主張絕俗學、棄小智，克己復性，保持天真。五、老子認為「物極必反」「盛極必衰」，而並未倡論陰謀權術。六、老子「柔弱勝剛強」的意思在強調柔韌的可貴，而非思想的儒弱。七、老子的「小國寡民」不是無政府的烏托邦，而是希望有一個可以讓百姓順性發展的政府。這幾點結論，不僅廓清了歷來一般人對老子思想似知其然而實不知其所以的迷思，更言簡意賅的說明了老子思想的精髓，對一般認為老子思想艱深難解的看法，更有釐清的貢獻。

王叔岷老師說：「守柔之道，可以概括老子一生的學行，可以貫通老子全書。」老子曾經說過：「天下莫柔弱於水，而攻堅強者莫之能勝。」《莊子・秋水篇》談到「風」的時候，有類似的意思：「予蓬蓬然起於北海而入於南海也；然而指我則勝我，鰌我亦勝我，雖然，夫折大木、蜚大屋者唯我能也，故以眾小不勝為大勝也。」水與風，確實能以至柔之相而發為至大至剛之力，無堅不摧。然則，老子、莊子豈真是懦弱、消極、出世者耶！黃登山教授之為人與任事，亦可以作如是觀！

黃登山教授身材修長，容貌俊偉，酷肖美國性格巨星「泰倫鮑華」；善歌，精於舞藝，且博聞強識，正不知蓄有多少「笑話」，每一出口，聽者無不讚嘆！而事母至孝，待人極誠，無分師友學生，均樂與相處，蓋以為「不失赤子之心」者也！在十幾年前，當我承乏臺灣大學夜間部主任時，他已經擔任東吳大學夜間部主任多年了；因為工作性質的相近，因此經常有機會向他請教，他總是不厭其煩的盡其所知，就公私立大學的不同背景，給我最適切的建議，真使我受益良多。印象更深刻的是他待人接物的恬和誠懇，那種與人為善的氣度，確實令人感受到老子「清淨虛極」的境界。黃教授主持夜間部，總是那麼閑雅自在，看似無所作為，卻有非常好的表現，東吳大學曾經兩度請他擔任夜間部主任，又兼推廣教育部主任，就是最好的證明。雖然他因此而耽擱研究工作，幾乎影響到他的身分資格，若是他人，難免氣急敗壞，怨天尤人，但當他談起來時，卻好像那是別人的事一般。他就是這樣積極任事又謙退自得的人，說他真的修到老氏的境界，也不為過。

黃登山教授稍長於我，當年彼此既是同宗，又擔任同樣的職務，而夜間部主任所負的責任是在「黃昏」以後，所以有些好友就戲稱我們這二黃是「黃昏雙鏢客」；事隔多年，當年的「雙鏢客」也早已退出「江湖」了！偶爾在一起撫今追往，卻有許多的樂趣與安慰，「人不念舊枉此身」，有友如此，誠然是一大快事也！因此，黃教授命我為他的書寫序，我也就毫不考慮的答應了，雖然，我真的不知道究竟該怎麼樣來為這樣一位能夠給人快樂的朋友的學術專著寫序！

姑以為序！

黃啟方　丁丑年孟夏于新店天半藍居

自序

民國七十六年，我將平日教學所得編著《老子釋義》。此書內容：標原文以明其章節版本；集先賢注釋加以貫通；明其韻讀、譯語淺出以利初學。清儒戴震嘗曰：經之至者道也，所以明道者其詞也。今此書之成，詳於辭章而略於義理；乃繼續努力收集資料，以求融合小學、辭章、義理於一篇。遂於民國八十四年，將多年研究心得，完成《老子思想研究》。

《老子思想研究》共分八章：第一章緒論，第二章老子其人及其書，第三章老子思想的淵源，第四章老子論宇宙，第五章老子論人生，第六章老子論政治，第七章老子論用兵，第八章結論。參考書目分：老子專著、四部典籍、學術思想、其他專書、期刊論文等。書中老子論宇宙、老子論人生、老子論政治、老子論用兵等章，運用以老解老原則，參考孔子、孟子、莊子、荀子思想，加以比較解說，並注明引文之章節。第八章結論，列舉古今學者對於老子思想之誤解，一一加以辯駁，以期日後讀者對於老子思想有正確的認識。

老子思想博大精深，想觀其全貌，誠是不易。本書如有誤漏之處，尚請博雅君子不吝指教，以便日後修訂之參考。

本書承蒙中央研究院院士曾永義教授、臺大文學院院長黃啟方教授賜序，在此謹致謝忱。

黃登山　序於台北士林

民國一〇六年六月

老子思想研究 目錄

第一章　緒　言

儒、道兩家的學說是中國學術思想的主流。想了解儒家思想必讀《四書》，想明白道家思想必須研究《老子》與《莊子》。

梁啓超先生說：「儒家以人爲中心，道家以自然界爲中心。儒家以人類心力爲萬能，以道爲人類不斷努力所創造，故曰：『人能弘道，非道能弘人。』道家以自然界理法爲萬能，以道爲先天的存在，且一成不變，故曰：『人法地，地法天，天法道，道法自然。』」①儒、道思想的最大不同，就在於儒家以人爲中心，道家却以自然界爲中心。

「人法地、地法天，天法道，道法自然」（第二十五章）這段文字可以說是老子思想的大綱，概括了一部《道德經》的內容。因爲老子的思想以「道」爲中心，而「道」是以自然爲法則。道可分爲人道、地道和天道。

道既然以自然爲法則，那麼，人道、地道、天道當然要以自然爲原則。人道、天道都能遵循自然的法則運作，才能達到「天人合一」的和諧境界。能達到「天人合一」的境界，才能收到「無為而無不為」的效果。能「無為而無不為」，才能實現「無棄人，無棄物」（第二十七章）的理想，也就是使萬物都能「各順其性，各得其所」的理想目標。

本書的寫作，是依據老子以道為中心的原則，道分天道與人道兩大部份。老子說：「吾言甚易知，甚易行。天下莫能知，莫能行。」（第七十章）可是人常有「道在邇而求諸遠，事在易而求諸難」的趨向。其實老子所說的道理都在日常生活，所見所聞中，不必向深遠艱難的地方探討，這就是老子所說：「不出戶，知天下；不闚牖，見天道」（第四十七章）的道理。因此本書希望用淺顯平易的文字，來說明老子的思想，以期符合老子的原意。

全書共分八章，主要在探討以下幾個問題，即老子其人其書，老子思想的淵源，老子論宇宙，老子論人生，老子論政治，老子論用兵等。天道部份於論宇宙中闡釋；人道部份於論人生、論政治及論用兵中分別說明。以「自然無為」思想貫通全書。至於古來對於老子思想的誤解部份，也於書中辯解，期能還其本來面目。

茲將本書所涉及的內容大要分述如下：

一、論宇宙

老子首先談到天地萬物的來源在於道，所以他說：「道生一，一生二，二生三，三生萬物。」（第四十二章）道產生萬物的過程，是由無形質落實到有形質，所以他說：「無，名天地之始；有，名萬物之母。」（第一章）道是最高、最上、最早、最先的一種存有，所以他說：「吾不知誰之子，象帝之先。」（第四章）道的先在性打破了宗教家神造萬物的說法。道超然獨立於萬物之上而永遠不變，所以他說：「獨立而不改」（第二十五章）道是無始無終，所以他說：「迎之不見其首，隨之不見其後。」（第十四章）道以自然爲本性，所以他說：「道法自然」（第二十章）道有虛無的一面，所以他說：「視之不見名曰夷；聽之不聞名曰希；搏之不得名曰微。」（第十四章）道也有實有的一面，所以他說：「惚兮恍兮，其中有象；恍兮惚兮，其中有物；窈兮冥兮，其中有精；其精甚眞，其中有信。」（第二十一章）道是萬物的宗祖，所以他說：「淵兮似萬物之宗」（第四章）道的作用是柔弱的，所以他說：「弱者，道之用。」（第四十章）道的運動方式是反復循環，對立轉化，所以他說：「反者，道之動。」（第四十章）

以上便是老子的宇宙論，也是老子的天道思想。老子認爲天道是地道、人道效法的標準，所以他說：「人法地，地法天，天法道，道法自然。」（第二十五章）因此，老子認爲人生的一切作爲，都應該以道爲原則，都應該效法道的「自然無爲」。

老子研究宇宙天道的目的，是爲了解決人生的問題。因爲人生問題本來就存在於宇宙之中，只要從宇宙中去探討，便可發現人生的道理，解決人生的種種問題，所以老子的論人生是由他的宇宙論引伸出來的。

二、論人生

老子的論人生，大致可從修己、待人及處事等三方面來探討。在修己方面，老子認爲人生而有性，性中具有好惡喜怒哀樂之情，耳目口鼻舌心之欲。七情的表現必須中節，六欲的需求也要適當，才不致濫用情感，人欲橫流，所以他主張要「少私寡欲」（第十九章）。學有「聖人之學」與「俗人之學」的分別，智有「大智」與「小智」的等級。唯有學聖人之學，才能恢復明淨的本性，保持素樸的天眞，才能表現大智的眞知。反之，學俗人之學，將成爲好用妄知的小智者。這種俗人之學與小智必須棄絕，所以他主張「絕學棄智」（第二十章）。社會是個大染缸，久處其中，常常會受污染，老子希望世人都能常保嬰兒的天眞。嬰兒的天眞就像未經染色的縞素，就像未經斧斲的樸木，所以他主張「見素抱樸」（第十九章）。人的心靈本來就像鏡子般的明淨，如泉水一樣的清澄，沒有一點塵垢雜物，只因受外物的引誘攪擾，以致於情欲的表現不得其正，因此他主張「致虛守靜」（第十六章）。虛才能使心智虛空而無雜念偏見，靜才能使心靈安寧而不妄動。

在待人方面，老子看到萬物生存的時候是柔弱的，死亡的時候是枯槁的。他又發現，水是天下最柔弱的，可是攻擊堅強的東西，卻沒有一樣能勝過它，所以他主張「固守柔弱」（第七十六章）才能生存，才是致勝之道。名位與貨利是人人爭取的目標，只要名利所在，大家便趨之若鶩，無所不用其極。爭名爭利實在是一切罪惡與禍亂的起源，所以老子主張「不爭名利」。他說：「不尚賢，使民不爭；不貴難得之貨，使民不為盜；不見可欲，使民心不亂。」（第三章）與人相處，能人我一體，不分貴賤，而且不卑不亢，適度的表現才能，自然會得到別人善意的回應，所以老子主張做人要「和光同塵」（第五十六章）。

在處事方面，老子認為做事的原則，若能「圖難於易，為大於細」（第六十三章）必能事半功倍，所以他主張「防微杜漸」。事物的發展，常常同反面進行，所以老子認為處理事物的原則，必須從它的反面著手，才能得到正面的效果，因此他主張「反面行事」。

三、論政治

老子的論人生主要在討論修身的問題，論政治的重點則在於治人。修身要「獨善其身」，治人則須「兼善天下」。兼善天下便是老子的政治理想。想達此理想，老子有他自己的一套理論思惟。老子以為政治的正途，不但要使天下人都能發展其個性，而且還要不互相妨害。

想達此目的，必須讓每一個人順其自然地發展他的個性，不要妄加干涉，所以他主張「自然無為」（第三十七章）。為政的工夫，在於修己與治人。它的層次是由修身、齊家、治國、平天下，循序漸進。老子認為禮法是維持社會秩序的工具。一時代有一時代的禮法，一地方有一地方的禮法。它是根據人性的習慣，因時制宜的工具，時過境遷，也許就不合時宜，不必過份拘泥，所以他「反對禮法」。從源頭上看，萬物同源；由效能上看，物各有能，各效其用。所謂「賢智」，只不過適用於某一個時空。換個時空，賢者將成為愚者，智者將變為不智，所以他「不尚賢智」。中國幾千年來的政治，存在著一個基本的矛盾問題。這個矛盾就在於理想的政治是以人民為政治的主體，可是事實上真正的政治主體卻是國君。想化解這種矛盾，必須消除國君的主體性，才能保障人民在政治上的主體性，所以他主張「尊重民意」，「以百姓心為心」（第四十九章）。老子認為為政者必須保持「慈、儉、不敢為天下先」（第六十七章）等三寶。因為能慈愛百姓的領導者，才能表現大勇來保護百姓。能節制人力、物力的領導者，才能有旺盛的精力，才能廣積財貨。不敢為天下先，反而後其身而身先，成為萬物之長。老子認為「國小易於同風，民寡則不起機心」③，所以「小國寡民」就是他的理想國。在這個國度裏，人民吃甘食，穿美服，安居樂俗，既無戰事的威脅，也無經濟的恐慌，自給自足，無須外求，所以民至老死不相往來。但是這種理想國和無政府的烏托邦不同，因為它有政府，有侯王，只是他自然無為，不干涉百姓，百姓不知道他的存在罷了。

四、論用兵

談到老子的用兵思想，他認為兵是不吉祥的東西，軍隊所到的地方必定荊棘叢生，大戰之後必定災禍連年，所以他反對戰爭。但是在不得已的情況，還是要奮勇應戰，同時也要講究用兵之道。老子的用兵之道是以奇用兵。所謂「奇」是與眾不同的奇異戰術。例如一般用兵者都是以強克弱，以剛克柔；老子卻要以「柔弱勝剛強」（第三十六章）一般用兵者要採取主動、進兵攻打敵人；老子卻「不敢為主而為客，不敢進寸而退尺」（第六十九章）。一般用兵者喜歡自恃其能，自誇其功，驕傲逞強；老子卻要「勿矜、勿伐、勿驕、勿強」（第三十章）一般用兵者喜歡耀武揚威，喜歡和敵人較力；老子卻「不武、不怒、不與」（第六十八章）。一般用兵者喜歡濫殺無辜，以殺人為樂；老子卻以為「殺人之眾，以悲哀泣之。戰勝以喪禮處之。」（第三十一章）總而言之，老子的用兵之道是和一般用兵者不同。但是老子認為天下之害，莫大於用兵，「不得已而用之，恬淡為上。」（第三十一章）老子的兵法思想的最高理想，在於戢兵息戰；而戢兵息戰的方法，在於無為不爭。所以不爭便是息戰的最好方法。

總上所述，老子的思想體系，層次分明，上下一貫。但是由於《老子》書的造語簡潔，說理簡要，所以容易造成誤解。綜合古來對於老子思想的誤解，大約有下列幾個問題：

一、以爲老子思想是消極、出世。

二、以爲老子思想是反文明。

三、以爲老子有愚民思想。

四、以爲老子有絕學去智的思想。

五、以爲老子思想含有陰謀權術。

六、以爲老子思想是懦弱。

七、以爲老子的「小國寡民」是無政府的烏托邦。

以上幾個問題，擬於下面數章中分別辯明，期望能恢復老子本義。不過由於本人學識所限，恐難盡如己意，若有不妥之處，尚請　大方之家不吝指教。

【附註】

① 梁啓超《先秦政治思想史》第一一五頁，東大圖書公司，民國七十六年版。

② 胡哲敷《老莊哲學》第一六四頁，臺灣中華書局，民國五十九年版。

第二章　老子其人及其書

第一節　老子其人

老子的生平事蹟，最早見於司馬遷所著《史記・老莊申韓列傳》。古今學者都認為這一篇傳的資料大部份是可靠的，一方面是由於司馬遷距離老子的年代不遠，另一方面司馬遷是史官，《史記》是正史，他所記載的史料應該比較確實。所以想要了解老子的生平事蹟，就不能不讀這一篇列傳。傳文說：

老子者，楚苦縣厲鄉曲仁里人也。姓李氏，名耳，字伯陽，謚曰聃。周守藏室之史也。孔子適周，將問禮於老子。老子曰：「子所言者，其人與骨皆已朽矣，獨其言在耳。且君子得其時則駕，不得其時，則蓬累而行。吾聞之：良賈深藏若虛；君子盛德，容貌若愚。去子之驕氣與多欲，態色與淫志，是皆無益於子之身。吾所以告子，若是而已。」孔子去，謂弟子曰：「鳥，吾知其能飛；魚，吾知其能游；獸，吾知其能走。走者可以為罔，游者可以為綸，飛者可以為矰。至於龍，吾不能知，其乘風雲而上天。吾今日見老子，其猶龍邪！」老子修道德，其學以自隱無名為務。居周久之，見周之衰，迺遂去。至關，關令尹喜曰：「子將隱矣，強為我著書。」於是老子迺著書上下篇，言道德之意，五千餘言而去，莫知其所終。或曰：老萊子亦楚人也。著書十五篇，言道家之用。與孔子同時云。蓋老子百有六十餘歲，或言兩百餘歲，以其修道而養壽也。自孔子死之後百二十九年，而史記周太史儋見秦獻公曰：「始秦與周合，合五百歲而離，離七十歲而霸王者出焉。」或曰：儋即老子。或曰：非也。世莫知其然否。老子隱君子也。老子之子名宗，宗為魏將，封於段干。宗子註。註子宮。宮玄孫假，假仕於漢孝文帝。而假之子解為膠西王印太傅，因家於齊焉。世之學老子者則絀儒學，儒學亦絀老子。道不同，不相為謀，豈謂是邪？李耳無為自化，清靜自正。

根據這篇傳文，需要討論的有四個問題：

一、老子的姓名字號問題。

二、老子的籍貫問題。

三、孔子見老子的問題。

四、老子與老萊子、太史儋的關係。

茲依照上面四個問題，分別討論如下：

一、老子的姓名字號問題。

《史記．老莊申韓列傳》說：

老子者，……姓李氏，名耳，字伯陽，謚曰聃。

可是司馬貞《索隱》作「名耳，字聃，姓李氏。」註謂：「有本字伯陽，非正也。」王念孫據此而旁徵《後漢書．桓帝紀》之註及《文選．反招隱詩》註，斷定《史記》原文是「名耳，字聃，姓李氏。」而今本之文是後人竄改①。

關於老子的姓名字號，就依據王念孫所改正的這段話來討論它。

《史記》說：「老子者……姓李氏。」古人尊稱他人，大都繫氏以子。既稱「老子」，老應當是姓。老子既然姓老，何以又姓李？老子到底姓老，還是姓李，便是下面要討論的問題。

嚴靈峰先生的《老子新傳》曾經統計《漢書．藝文志》中以子名書的總共八十五家，其中七十三家都用姓氏名書。如：晏子、孟子、莊子、荀子、韓非子等②。因此，假如老子本姓李，則其書應稱李子；既稱老子，老應是他的姓。

老子既然姓老，司馬遷爲何說他姓李。這是由於戰國以前有老、里兩個姓而沒有李姓，如魯有里革、鄭有里析、晉有里克。李姓是戰國以後才有，如魏有李克、趙有李牧、楚有李園③。老、里、李是由於古音通轉的關係，是一姓的三種變化，李姓是由老姓而來。因此可以肯定老子姓老。司馬遷說老子姓李，乃緣於戰國以來的稱呼。論其原姓，應當是姓老④。

老子的名字問題，《史記》說：「名耳，字聃。」司馬貞《索隱》說：「許愼說：『聃，耳漫也。（按說文作耳曼）故名耳，字聃。』」段玉裁《說文解字》註說：「曼者，引也。耳曼者，耳如引之而大也。」古人的名、字的意義相因。老子名耳，既然耳朵特大，所以用「聃」做爲他的字正合古人名字相因的原則。因此名耳，字聃應是可信。

二、老子的籍貫問題

《史記》說：

老子者，楚苦縣厲鄉曲仁里人。

孔穎達《禮記．曾子問》疏引《史記》說：

老子，陳國苦縣賴鄉曲仁里人也。

從這兩段話，老子的籍貫便產生了國籍有陳、楚的不同，鄉籍有厲、賴不同的問題。有關老子的國籍問題，司馬貞《索隱》說：「苦縣本屬陳，春秋時楚滅陳，而苦又屬楚，故云楚苦縣。」根據這段話，苦縣本屬陳國，老子應屬陳國人，後陳爲楚所滅，所以才稱老子爲楚國人。

老子的鄉籍，有厲、賴的不同，根據余培林先生的說法，厲、賴是同音通用的關係⑤。名稱雖異，其實是同一個地方。

三、孔子見老子的問題

孔子見老子的問題，在《史記・老莊申韓列傳》、《史記・孔子世家》、《孔子家語》、《莊子・天道篇》、《莊子・天運篇》、《禮記・曾子問》及《呂氏春秋・當染篇》皆有記載。

《史記・老莊申韓列傳》說：

孔子適周，將問禮於老聃。

《史記・孔子世家》說：

魯南宮敬叔言魯公曰：「請與孔子同適周。」魯公與之一乘車、兩馬、一豎子，俱適周；蓋見老子云。

《莊子、天道篇》說：

孔子西藏書於周室。子路謀曰：「由聞周之徵藏史有老聃者，免而歸居，夫子欲藏書，則試往因焉。」孔子曰：「善。」往見老聃。

《莊子．天運篇》說：

孔子行年五十有一而不聞道，乃南之沛，見老聃。

《禮記．曾子問》說：

孔子曰：「昔者吾從老聃助葬於巷黨，及堩，日有食之。」老聃曰：「丘！止柩就道右，止哭以聽變。」

《呂氏春秋．當染篇》說：

孔子學於老耽。（按：耽同聃。）

以上古籍記載中，《禮記．曾子問》所記「孔子從老聃助葬於巷黨」事，崔述《洙泗考信錄》以「南宮敬叔年僅十三，不能從孔子適周」來反駁他。汪中《老子考異》以為《史記．孔子世家》所說「南宮敬叔與孔子俱適周問禮、見老子」事，以《老子》書說：「夫禮者，忠信之薄而亂之首也。」（第三十八章）兩書對於禮的看法，彼此乖違，因而持否定的意見。

其後梁啓超、馮友蘭、錢穆等人依據此說，遂否定老子先於孔子的說法。

孔子見老子問禮、問道的問題，雖然有以上數位學者的否認，但是認爲確有其事的仍不乏其人。他們的理由是：

㈠孔子見老子事，戰國時已流傳，所以記載這件事的文字極多。

㈡禮記是儒家的典籍，孔子見老子的事件如果不是事實，一定不會收入此書。

㈢高亨、嚴靈峰都主張莊子雖多寓言，但是還有重言十七，必有孔子見老聃的事，所以莊子才會屢次提起它。⑥

㈣陳鼓應引黃方剛《老子年代之考證》的統計數據，以爲《莊子》書中，關於孔子問禮於老子的記載，並非憑空杜撰。⑦

㈤張岱年以爲《莊子》固然可以編造孔、老對話之寓言，但是〈曾子問〉是儒家的著作，爲何也相信此說？所以孔、老同時的傳說應該不是虛構。⑧

㈥《史記、仲尼弟子列傳序》說：「孔子之所嚴事，於周則老子；於衛則遽伯玉；於齊晏平仲；於楚老萊子；於鄭子產；於魯孟公綽。」司馬遷是史官，他所採取的資料必定是可靠的。從上面這段話看來，孔子見老子的事必定不假。

由以上理由可以確定，孔子見老子問禮、問道，應該是眞有其事。

四、老子與老萊子、太史儋的關係。

老子與老萊子分明是兩個人，其理由有四：

(一)《史記・仲尼弟子列傳序》說：「孔子之所嚴事，於周則老子，於楚老萊子……」一在周，一在楚，司馬遷已經把老子與老萊子分別得很清楚。

(二)《史記・老莊申韓列傳》說：「於是老子乃著書上下篇，言道德之意，五千餘言。」又說：「老萊子亦楚人也，著書十五篇，言道家之用。」老子與老萊子著書篇目不同，分明是兩個人。

(三)老子本傳中司馬遷敘述老萊子時說：「老萊子亦楚人也。」一個「亦」字，說明老萊子也和老子一樣同爲楚國人，表示兩者並非一人。

(四)《漢書・藝文志》將《老子》與《老萊子》兩書分別列名，也可證明兩者並非一人。

由以上四點理由，可以看出老子與老萊子並非同一人。

太史儋與老子被懷疑爲同一人，大概是由於「聃」與「儋」音同誤混。其實老子並不是太史儋，有三點理由可以證明：

(一)太史儋見秦獻公，《史記・周本紀》、《史記・秦本紀》及《史記・封禪書》都有記載，但都沒有「儋即老子」的說法。

(二)太史儋見秦獻公在周烈王二年，即秦獻公十一年，公元前三七四年，而孔子歿於公元前四七九年，兩者距離一百零五年，這時老子已兩百歲左右。老子的壽命再長，也不可能活到這個時候。可見太史儋絕對不是老子。

(三)《史記・老莊申韓列傳》說：「或曰儋即老子，或曰非也。」「或曰儋即老子」本來就是一種傳說之言，傳說之言是不可靠的，所以司馬遷用「或曰非也」來解決它。

根據以上三個理由，可以證明太史儋並非老子。余培林先生以為：「大史儋當是老子後裔，當時也稱老子。兩人姓同、官同、行蹤同；聃、儋又音同，所以被混為一人。這與孫武和孫臏被誤混的情況相同。」⑨

《史記》所記載的老子生平，只要把其中有疑問的地方加以分辨，老子的一生事蹟大致就清楚了。

第二節　老子其書

老子的生平事蹟，較完整而可信者，應該司馬遷著《史記・老莊申韓列傳》。傳中說：「老子者，楚苦縣厲鄉曲仁里人也。姓李氏，名耳，字伯陽，謚曰聃。周守藏室之史也。……老子修道德，其學以自隱無名為務。居周久之，見周之衰，乃遂去。至關，關令尹喜曰：『子將隱矣，強為我著書。』於是老子乃著書上下篇，言道德之意五千言而去。莫知其所終。」

從這篇傳看來，司馬遷認為《老子》這一本書是春秋末年的老子—李耳所著。隨後，《漢書》、《隋書》和《舊唐書》也同意司馬遷的說法。《漢書・揚雄傳》說：「昔老聃著虛無之言兩篇。」《隋書・經籍志》說：「道家有老子《道德經》二卷，李耳撰。」

除此之外，先秦諸子中稱引《道德經》而標明「老子」或「老聃」說的，例如《莊子・天下篇》說：

以本為精，以物為粗，以有積為不足，淡然獨與神明居。古之道術有在於是者，關尹、老聃聞其風而悅之。……老聃曰：知其雄，守其雌，為天下谿；知其白，守其辱，為天下谷。

《莊子》所引用的這段話，標明是「老聃」所說，而且是今本《老子》第二十八章的經文。可見《莊子》認為《老子》是老聃李耳所著。

《韓非子・六微》說：

權勢不可以借人，上失其一，臣以為百……其說在老聃之言失魚也。……故曰：「國之利器，不可以示人。」

又《韓非子・六反》說：

老聃有言曰：「知足不辱，知止不殆。」

《韓非子》所引《老子》的兩段話，分別見於第三十六章和四十四章，而且都標明「老聃」所說。可見韓非也認爲《老子》是老聃李耳所著。

又根據蔣錫昌先生的考證⑩，晉平公時代，與孔子同時的叔向也曾經引用《老子》的話。他說：「老聃有言：『天下之至柔，馳騁天下之至堅。』又曰：『人之生也柔弱，其死也剛強；萬物草木之生也柔脆，其死也枯槁。』」叔向所引《老子》的話，分別見於第四十三章及第七十六章，而且也標明是「老聃」所說。

根據以上《莊子》、《韓非子》、叔向、《史記》、《漢書》、《隋書》及《舊唐書》所引《老子》的話，可以證明《老子》書應是春秋末年的老聃李耳所著。然而再看《老子》書中的另一些經文，卻和戰國時代的文物制度有密切的關係。例如《老子》第三十八章說：

故失道而後德，失德而後仁，失仁而後義，失義而後禮。

老子言道德，孔子言仁，孟子言義，荀子言禮，這正是由春秋到戰國道德論演變的過程。《

老子》書如果全是春秋末年的李耳所著，他那能知道戰國時代的事情。所以應有一部分資料是戰國時人所加入。

又《老子》書中常用「侯王」一詞。如：「侯王得一以爲天下正。」（第三十九章）「侯王自謂孤、寡、不穀。」（第三十九章）春秋末年不稱「侯王」，只有「諸侯」的稱呼。例如：春秋時代的著作《孫子兵法》說：「諸侯乘其弊而起。」（作戰篇）可以證明。

又《老子》書中有「萬乘之主」的稱謂，例如：「奈何萬乘之主，而以身輕天下？」（第二十六章）侯王擁有萬乘兵車，是戰國時代各國想稱霸天下，因而擴充軍備的結果。例如：《韓非子，亡徵》：「萬乘之主有能服術行法，以爲亡徵之君風雨者，其兼天下不難矣！」春秋時代沒有這種現象。⑪

又儒、墨提倡仁義，崇尚賢能，《老子》卻說：「大道廢，有仁義。」（第十八章）又說：「不尚賢，使民不爭。」（第三章）這種言論思想應該是孔子、孟子及墨子之後的戰國時人的產物。

綜合以上資料，《老子》書中既有春秋時代的言論，也有戰國時期的思想，於是有關《

老子》書的作者問題，近人就有各種不同的說法。

一、認為春秋李耳所著的有：胡適⑫、黃方剛⑬、高亨⑭、馬敘倫⑮、唐蘭⑯、嚴靈峰⑰、陳鼓應⑱、余培林等⑲。

二、認為非春秋李耳所著的有：馮友蘭⑳、羅根澤㉑、蔣伯潛㉒、許抗生㉓等。

蔣伯潛先生說：「諸子之書，其始多非本人自著，《老子》為戰國時人綴拾道家言論薈萃而成。」㉔

許抗生先生說：「春秋末年，道家思想就開始萌芽。春秋末年的那位老子可稱做道家的開創人，但是他並沒有著《老子》一書……《老子》很可能成書於戰國中期《老子》的作者是戰國中期的一位老子，他建立了第一個完整的道家思想體系。」㉕

根據以上資料，綜合各家說法，本人認為《老子》書可能大部分為春秋末年的李耳所著，而其中一部份是戰國時人掇拾道家言論薈萃而成。

【附註】

① 勞思光：《中國哲學史》第二一五頁，三民書局，民國七十三年版。

② 嚴靈峰：《老子達解》第四二三頁，華正書局，民國六十八年版。

③張揚明：《老子考證》第三十八頁，黎明書局，民國七十四年版。
④高亨：〈史記老子傳箋證〉，《古史辨》第六冊第四五九頁，明倫出版社，民國五十九年版。
⑤余培林：《老子讀本》第二頁，三民書局，民國七十一年版。
⑥嚴靈峰：《老子新傳》，華正書局，民國六十八年版。
⑦陳鼓應：〈老學先於孔學〉，《哲學研究》，民國七十七年第九期，第四十一頁。
⑧張岱年：《哲學辨微》，山東人民初版社。
⑨同註⑤，第五頁。
⑩蔣錫昌：《古代引老經最早之人考》，引自《偽書通考》第一二八七頁。
⑪許抗生：《老子研究》第一三四頁，水牛出版社，民國八十一年。
⑫胡適：《中國古代哲學史》第五頁，台灣商務印書館，民國六十四年版。
⑬黃方剛：〈老子年代之考證〉，《古史辨》第四冊，第三八二頁。
⑭高亨：〈史記老子傳箋證〉，《古史辨》第六冊第四五九頁。
⑮馬敘倫：〈辯老子非戰國後期之作品〉，《古史辨》第六冊第五二七頁。
⑯唐蘭：〈老子時代新考〉，《古史辨》第六冊第六〇〇頁。

⑰嚴靈峰：〈辯老子書不後於莊子書〉，《經子叢考》第九冊一五二頁，國立編譯館，民國七十二年。
⑱陳鼓應《老子今註今譯及評介》第六頁，台灣商務印書館，民國八十年版。
⑲同註⑤，第七頁。
⑳馮友蘭：《中國哲學史》第二一〇頁，台灣商務印書館，民國七十九年版。
㉑羅根澤：〈老子及老子書的問題〉，《古史辨》第四冊第四四九頁。
㉒蔣伯潛：《諸子通考》第三九五頁，正中書局，民國五十九年版。
㉓同註⑪，第一三八頁。
㉔同註㉑。
㉕同註⑪。

第三章　老子思想的淵源

一種思想的產生絕不是憑空而來，一定有它產生的因素，一定有它產生的淵源。韋政通先生說：「思想史除了理論之外，還要了解哲學家這個人。將涉及到他的具體生活、際遇、意識活動以及他如何面對種種困境，甚至連他的悲傷和喜悅，我們也能親切地感受到。」①

從韋先生的這段話可知，想了解一位思想家的思想淵源，必先了解他的人。想了解他的人，必先了解他所處的時代、所居住的地方、所培養的個性、所修習的學力以及對於外界事物的感觸。因爲這些問題都會影響他的思想。

這一章老子思想的淵源，準備從他的地域背景、史官的特性以及兵家的色彩等三方面來探討它。

第一節　老子思想的地域背景

任繼愈先生認爲先秦文化從地域上可分爲四大類型：即燕齊文化、鄒魯文化、三晉文化及荊楚文化，並以老子、莊子及屈原爲荊楚文化之代表。②蒙文通先生將先秦學術劃分爲東、南、北三方之學。其所謂南方之學，主要指楚學，亦以老子爲其代表。③任、蒙兩位先生都以地域來分別學術思想的差異。他們認爲地域不同，思想便不同。

自從司馬遷所著《史記．老莊申韓列傳》，以老子爲楚人之後，一般學者都把老學歸爲楚學。蔡元培先生的《中國倫理學史》便用楚人環境解釋老子思想。④馮友蘭先生的《中國哲學史》老子哲學部份有「楚人精神」一節，強調老子思想與楚國的關係。⑤陸永品先生的《老莊研究》認爲老子散文帶有楚國文化的色彩。⑥李水海先生的《老子道德經楚語考論》指出老子所用楚語數十例。⑦所以王博先生說：「以老學爲楚學是目前在學術界影響頗大的一種觀點。」⑧

不同的地域產生不同的文化，不同的文化產生不同的思想。老子既爲楚人，因此，他的思想受楚國文化的影響應該很深。楚國位處江、淮流域，很早便與殷商文化發生關係。殷商滅亡以後，它的文化分成兩支：一支在北方周人的努力下發展，另一支則在南方的宋、楚保存。⑨宋、楚延續了殷商文化，有守柔、尊陰、崇尚自然無爲的思想。又因南方之地，水勢浩瀚，民生其地，多尚虛無，好言江海。⑩楚人的這種傳統觀念，便影響了老子的思想。老子的這些思想可以從《老子》書中找到證據。茲分述如後：

一、固守柔弱

子路問強，孔子說：

寬柔以教，不報無道，南方之強也。（《中庸》）

孔子認為「守柔」是南方楚人的思想特性。

王叔岷先生說：

守柔之道，可以概括老子一生之學行，可以貫通老子全書。⑪

老子的「守柔」思想，正是楚國文化的特徵。《老子》書中談到「守柔」思想的地方有：

專氣致柔，能如嬰兒乎？（第十章）

含德之厚，比於赤子。毒虫不螫，猛獸不據，攫鳥不搏，骨弱筋柔而握固。（第五十五章）

人之生也柔弱，其死也堅強，草木之生也柔脆，其死也枯槁。故堅強者死之徒，柔弱者生之徒。是以兵強則滅，木強則折，強梁者不得其死，強大處下，柔弱處上。（第七十六章）

天下莫柔弱於水，而攻堅強者莫之能勝，以其無以易之。弱之勝強，柔之勝剛，天下莫不知，莫能行。（第七十八章）

由以上數章可以看出，老子「固守柔弱」的思想，深受楚國文化的影響。

二、尊貴陰性

所謂「陰性」是包括人類中的婦女及雌性動物。王葆玹先生說：「老子本爲陳國人，而陳是有虞氏舜的後裔。」⑫春秋時期，陳爲楚所滅，故司馬遷以老子爲楚人。⑬陳國風俗是「婦人尊貴」⑭，老子受其影響，也有尊貴母性、雌性、陰性的思想。這種思想可從《老子》書中找到證據。

無，名天地之始；有，名萬物之母。（第一章）

谷神不死，是爲玄牝。玄牝之門，是謂天地根。（第六章）

眾人皆有以，而我獨頑似鄙，我獨異於人，而貴食母。（第二十章）

有物混成，先天地生，寂兮寥兮，獨立而不改，周行而不殆，可以爲天下母。（第二十五章）

知其雄，守其雌，爲天下谿。（第二十八章）

天下有始，以爲天下母。既得其母，以知其子。既知其子，復守其母，沒身不殆。（第五十二章）

有國之母，可以長久，是謂根深柢固，長生久視之道。（第五十九章）

大國者下流，天下之交，天下之牝。牝常以靜勝牡，以靜爲下。（第六十一章）

以上數章所說的「牝、母、雌」都是屬陰性之物，是天地萬物之所從出，老子的尊貴陰性思想，由此可知。

三、崇尚自然無為

孔子曾說：

無爲而治者，其舜也歟！夫何爲哉？恭己正南面而已矣。⑮

老子曾爲陳國人，而陳爲有虞氏舜之後裔，舜以「無爲」治國，老子的「無爲而治」思想，正承舜而來。這可從《老子》書中找到證據。

愛國治民，能無爲乎？（第十章）

功成事遂，百姓皆謂我自然。（第十七章）

希言自然。（第二十三章）

人法地、地法天、天法道、道法自然。（第二十五章）

道常無爲而無不爲。（第三十七章）

上德無爲而無以爲，下德無爲而有以爲。（第三十八章）

天下之至柔，馳聘天下之至堅，無有入無間，吾以是知無爲之有益。不言之教，無爲之益，天下希及之。（第四十三章）

爲學日益，爲道日損。損之又損，以至於無爲，無爲而無不爲。取天下常以無事，及其有事，不足以取天下。（第四十八章）

我無爲而民自化，我好靜而民自正。（第五十七章）

爲無爲，事無事，味無味。（第六十三章）

由以上數章可以看出，老子非常崇尚「無爲而治」的治國原則，而這種思想可能是由爲楚所滅的陳國文化而來。

四、崇尚虛無

楚國位居南方，水勢浩瀚飄渺，由於地域的影響，人民多崇尚「虛無」。老子受其影響，也有這種思想。這些證據可從《老子》書中找到。

> 無，名天地之始；有，名萬物之母。故常無，欲以觀其妙；常有，欲以觀其徼。（第一章）
>
> 故有無相生，難易相成。（第二章）
>
> 道沖，而用之或不盈。（第四章）
>
> 天地之間，其猶橐籥乎？虛而不屈，動而愈出，多言數窮，不如守沖。（第五章）
>
> 三十輻共一轂，當其無，有車之用。埏埴以爲器，當其無，有器之用。鑿戶牖以爲室，當其無，有室之用。故有之以爲利，無之以爲用。（第十一章）
>
> 致虛極，守靜篤。（第十六章）
>
> 大盈若沖，其用不窮。（第四十五章）

由以上數章可以看出，老子有濃厚的「崇尚虛無」的思想，而這種思想可能是受到楚國地域環境的影響。

五、以水為喻

楚國多水，江河縱橫，老子受此地域環境影響，所以喜歡拿水做比喻，這種思想可從《老子》書中找到證據。

上善若水，水善利萬物而不爭，處眾人之所惡，故幾於道。（第八章）

豫兮若冬涉川……混兮其若濁，澹兮其若海。（第十五章）

譬道之在天下，猶川谷之於江海。（第三十二章）

魚不可脫於淵，國之利器不可以示人。（第三十六章）

大國者下流，天下之交。（第六十一章）

江海之所以能爲百谷王者，以其善下之，故能爲百谷王。（第六十六章）

天下莫柔弱於水，而攻堅強者莫之能勝，以其無以易之。（第七十八章）

第八章，老子拿水來比喻上善者有「善利萬物而不爭，處衆人之所惡」的美德。第十五章，老子拿「若冬涉川」來形容修道之士的謹愼小心。拿「混兮其若濁」來形容修道之士的大智若愚。拿「澹兮其若海」來形容修道之士像大海一樣深不可測。第三十章，拿萬川歸海來比喻道遍佈於天下。第三十六章，拿「魚不可脫於淵」來比喻國之利器不可隨便展示給別人看。第六十一章，拿萬川匯聚的「下流」來比喻天下所交會的「大國」。第六十六章，拿「江海善下」來勸勉帝王修養「禮賢下士」的美德。第七十八章，拿水的柔弱勝堅強，勉人固守柔弱。

由以上數章可以看出，老子喜歡拿「水」做比喻，這種思想也可能是受楚國地域背景的影響所致。

第二節　老子思想的史官特性

根據司馬遷《史記・老莊申韓列傳》記載，老子曾經做過「周守藏室之史」。守藏室之史就是太史。太史的職掌範圍，依《周禮・春官・宗伯》所記，歸納起來，大約是：天文曆法、禮制、記錄歷史及藏書、卜筮祭祀、軍事資料、指導人事和提供治道等問題。因此老子的思想和太史的職掌是有密切關係的。茲分述如下：

一、論天道

因爲太史要掌管天文曆法。天道的變化正是天文曆法的根據。想了解天文曆法，必須了解天道。所以《老子》書中便會常常談論到天道的問題。例如：第一章談論到道包含「有」和「無」兩種特性。他說：

道可道，非常道；名可名，非常名。無，名天地之始；有，名萬物之母。故常無，欲以觀其妙；常有，欲以觀其徼。此兩者同出而異名，同謂之玄。玄之又玄，眾妙之門。

第四章談論到道的虛空及超越於天帝的特性。他說：

道沖，而用之或不盈。淵兮似萬物之宗，湛兮似或存。吾不知誰之子，象帝之先。

第十四章談論到道超越於人類視、聽之外的特性。他說：

視之不見，名曰夷；聽之不聞，名曰希；搏之不得，名曰微。此三者不可致詰，故混而爲一。其上不皦，其下不昧。繩繩不可名，復歸於無物。是謂無狀之狀，無物之象，是謂惚恍。迎之不見其首，隨之不見其後。

第二十一章談論到道在恍惚中有象、有物、有精、有信的特性。他說：

道之爲物，惟恍惟惚。惚兮恍兮，其中有象；恍兮惚兮，其中有物。窈兮冥兮，其中有精；其精甚眞，其中有信。

第二十五章談論到道的獨立而不改，周行而不殆的特性。他說：

有物混成，先天地生。寂兮寥兮，獨立而不改，周行而不殆，可以爲天下母。吾不知其名，強字之曰道，強爲之名曰大。大曰逝，逝曰遠，遠曰反。

第三十四章談論到道可名爲大，可名爲小的特性。他說：

大道氾兮，其可左右。萬物恃之以生而不辭，功成而不有。衣養萬物而不爲主，可名於小；萬物歸焉而不爲主，可名爲大。以其終不自大，故能成其大。

第四十章談論到道的運動法則及其作用。他說：

反者，道之動；弱者，道之用。

第四十二章談論到道產生萬物的過程。他說：

道生一，一生二，二生三，三生萬物。萬物負陰而抱陽，沖氣以爲和。

第五十一章談論到道畜養萬物的情形。他說：

道生之，德畜之，物形之，勢成之。是以萬物莫不尊道而貴德。道之尊，德之貴，夫莫之命而常自然。故道生之，德畜之；長之育之；成之熟之；養之覆之。生而不有，爲而不恃，長而不宰，是謂玄德。

從以上數章可以看出，老子的天道思想可能是來自於太史職掌天文曆法的因素。

二、談禮制

由於太史須要掌管禮制，所以《老子》書中常會談論到禮的問題。例如：第三十一章談論到吉、凶之禮。他說：

吉事尚左，凶事尚右。偏將軍居左，上將軍居右，言以喪禮處之。殺人之眾，以悲哀泣之，戰勝以喪禮處之。

第三十八章談論到道德論的演變過程。他說：

故失道而後德，失德而後仁，失仁而後義，失義而後禮。夫禮者，忠信之薄而亂之首。

第六十二章談論到古代獻物之禮。他說：

故立天子、置三公，雖有拱璧以先駟馬，不如坐進此道。

從以上數章可以看出，老子喜歡談論有關禮的問題，這和太史職掌禮制是有密切關係的。

三、引經典

由於太史掌管記錄歷史及藏書，所以《老子》書中所談問題，常與所藏書籍內容有關。例如：

(一)尚書

1.《尚書・堯典》說：「允恭克讓」。老子說：「夫唯不爭，故天下莫能與之爭。」（第二十二章）《尚書》的「恭讓」和老子的「不爭」，意義相近。

2.《尚書・皋陶謨》說：「柔而立，剛而塞。」和老子所說：「弱之勝強，柔之勝剛。」（

第七十八章）意義相近。

3.《尚書・湯誓》說：「余一人有罪，無以萬夫；萬夫有罪，在余一人。」和老子所說：「受國之垢，是謂社稷主；受國不祥，是謂天下王。」（第七十八章）意義相近。

4.《尚書・君奭》說：「嗚呼！君惟乃知民德，罔不能厥初，惟其終。」和老子所說：「民之從事，常於幾成而敗之。愼終如始，則無敗事。」（第六十四章）意義相近。

5.《尚書・康誥》說：「凡民自得罪，寇攘奸宄，殺越人於貨，不畏死，罔弗畏。」和老子所說：「民不畏死，奈何以死懼之？若使民常畏死，而爲奇者吾得而殺之，孰敢？」（第七十四章）意義相近。

由以上資料可以看出，老子的「忍辱」、「愼終」、「使民不畏死」的思想和《尚書》有密切關係。

(二)詩經

1.《詩經・大雅・蕩》說：「天生蒸民，其命匪湛。靡不有初，鮮克有終。」和老子所說：「民之從事，常於幾成而敗之。愼終如始，則無敗事。」（第六十四章）意義相近。

2.《詩經・王風・兔爰》說：「有兔爰爰，雉離于羅。我生之初尚無爲，我生之後逢此百罹。尚寐無吪。」又《陳風・澤陂》說：「彼澤之陂，有蒲與荷。有美一人，傷如之何？

寤寐無爲，涕泗滂沱。」老子說：「愛國治民，能無爲乎？」（第十章）「道常無爲而無不爲。」（第三十七章）「上德無爲而無以爲。」（第三十八章）「爲學日益，爲道日損。損之又損，以至於無爲，無爲而無不爲。」

由以上資料可以看出，老子的無爲思想可能來自於《詩經》。

㈢易經

1.《易經・謙卦》說：「初六，謙謙君子，用涉大川，吉。六二，鳴謙，貞吉。九三，勞謙，君子有終，吉。六四，無不利，撝謙。六五，不富，以其利用征伐，無不利。上六，鳴謙，利用行師，征邑國。」老子說：「富貴而驕，自遺其咎。」（第九章）「不自見，故明；不自是，故彰；不自伐，故有功；不自矜，故長。（第二十二章）「是以聖人欲上民，必以言下之；欲先民，必以身後之。」（第六十六章）

由以上資料可以看出，《易經・謙卦》特別推崇「謙虛」的美德，老子的「謙退」思想應該和《易經》有密切的關係。

2.《易經・節卦》說：「節：亨，苦節，不可貞。」老子說：「聖人去甚、去奢、去泰。」（第二十九章）又說：「治人事天莫若嗇。」（第五十九章）又說：「我有三寶，持而保之。一曰慈，二曰儉，三曰不敢爲天下先。慈故能勇，儉故能廣，不敢爲天下先，故能成器長。今

舍慈且勇，舍儉且廣，舍後且先，死矣！」（第六十七章）

老子所說的「去奢」、「嗇」、「儉」，都是節儉的意思，由以上資料可以看出，老子的「節儉」思想可能是受《易經》的影響。

3.《易經・泰卦》九三爻辭說：「無往不復。」又〈復卦〉爻辭說：「復：亨，出入無疾，朋來無咎。反復其道，七日來復。利有攸往。」老子說：「其上不皦，其下不昧。繩繩不可名，復歸於無物。」（第十四章）又說：「萬物並作，吾以觀復。夫物芸芸，各復歸根。歸根曰靜，是謂復命。」（第十六章）又說：「有物混成，先天地生。寂兮寥兮，獨立而不改，周行而不殆。」（第二十五章）又說：「反者，道之動。」又說：「正復爲奇，善復爲妖。」（第五十八章）

老子所說的「復」、「周行」、「反」，都有反復循環的意思。由以上資料可以看出，老子的「反復循環」的思想，可能是受《易經・泰卦》及〈復卦〉的影響。

從以上資料可以看出，老子的「忍辱」、「愼終」、「使民畏死」、「無爲」、「謙退」、「節儉」及「反復循環」的思想，和他所掌管的藏書尚書、詩經及易經是有密切關係的⑯。

四、說卜祀

由於太史掌管卜筮，祭祀，所以《老子》書中常會談到卜筮、祭祀的問題。例如：

天地不仁，以萬物爲芻狗；聖人不仁，以百姓爲芻狗。（第五章）

老子拿祭祀用的「芻狗」來比喻天地與聖人的不仁。

谷神不死，是謂玄牝。（第六章）

老子以「神」來形容道的變化莫測。

眾人熙熙，如享太牢，如春登台。（第二十章）

老子拿享受祭祀用的「太牢」來比喻眾人熙熙攘攘的熱鬧情況。

天下神器，不可爲也，不可執也。（第二十九章）

老子拿「神器」來比喻天下的貴重。

神得一以靈，……神無以靈將恐歇。（第三十九章）

老子說明神須得道才能顯現他的威靈。

善建者不拔，善抱者不脫，子孫以祭祀不輟。（第五十四章）

老子用「祭祀不輟」來說明，善於建立、抱持道德的人，子孫才能代代相傳，綿綿不絕。

以道蒞天下者，其鬼不神；非其鬼不神，其神不傷人；非其神不傷人，聖人亦不傷人。（第六十章）

老子認爲能以道臨治天下，即使「鬼神」也傷害不了他，在他面前產生不了作用。「芻狗」、「太牢」、「鬼神」及「祭祀」，都和老子所掌管的卜筮、祭祀的職務有關。可見老子的思想和他的卜筮、祭祀的職掌是有密切關係的。

五、注意用兵

由於太史掌管軍事資料，所以《老子》書中也常會談及用兵問題。例如：

> 以道佐人主者，不以兵強天下，其事好還。師之所處，荊棘生焉；大軍之後，必有凶年。善有果而已，不以取強。果而勿矜，果而勿伐，果而勿驕，果而不得已，果而勿強。物壯則老，是謂不道，不道早已。（第三十章）

老子認爲用兵逞強將造成毀滅性的後果，所以只要能達到救濟災難的目的就可以了。不要拿戰爭來自矜、自伐、驕傲、逞強。

> 夫佳兵者不祥之器，物或惡之，故有道者不處。君子居則貴左，用兵則貴右。兵者不祥之器，非君子之器，不得已而用之，恬淡爲上。勝而不美，而美之者，是樂殺人。夫樂殺人者，則不可得志於天下矣！吉事尚左，凶事尚右。偏將軍居左，上將軍居右，言以喪禮處之。殺人之眾，以悲哀泣之，戰勝以喪禮處之。（第三十一章）

老子認爲佳兵乃不祥之器，所以在不得已情況下才能用它，否則就是樂殺人者，樂殺人者，將不可得志於天下。

入軍不被甲兵……兵無所容其刃。（第五十章）

老子形容善於攝生的人能避危於無形，所以戰爭的時候不會受到甲兵的殺傷。

以正治國，以奇用兵。（第五十七章）

老子認爲用兵和治國的方法不同。治國要用清靜無爲的正道，用兵則須奇謀詭計。

夫慈，以戰則勝，以守則固。（第六十七章）

老子認爲有慈悲心的將領，戰必勝，守必固。

善爲士者不武；善戰者不怒；善勝敵者不與。（第六十八章）

老子認爲善於爲將帥的人，不炫耀武力，不隨便發怒，不和敵人鬥力，這才合乎「不爭」之德。

用兵有言：「吾不敢爲主而爲客，不敢進寸而退尺。」是謂行無行，攘無臂，扔無敵，執無兵。禍莫大於輕敵，輕敵幾喪吾寶。故抗兵相加，哀者勝矣！（第六十九章）

老子認爲用兵作戰不能採取主動，否則就是戰爭的罪魁禍首。作戰的時候還要懷著悲天憫人之心，才能贏得勝利。

以上數章所談的用兵思想和老子擔任太史所掌管的軍事資料的職務，有密切的關係。

六、指導人事

天文曆法是太史的職掌之一。太史了解天文的目的，是想通過觀察天道來指導人事。這就是司馬遷所說的「究天人之際」，也就是王博先生所說的「推天道以明人事」⑰。所以太史的觀察天道，並不是純粹自然現象的研究，而是希望把自然現象的研究所得，應用到人事的問題上。他們觀察日月星辰的天體運行規律，一方面是爲了制訂曆法，來指導人民的農業生產，和日常生活的種種問題；另一方面是爲了占卜人事的吉凶和國家興亡。由於這種職務性質的關係，便形成太史「借天道推明人事」的習慣，也就是假借自然現象的變化說明人事活動的規則的習慣。老子的思想因受到這種習慣的影響，所以在《老子》書中常可以看到「借天道自然說明人事」的現象。例如：第七章說：

天長地久，天地之所以能長且久者，以其不自生，故能長生。是以聖人後其身而身先，外其身而身存。非以其無私邪？故能成其私。

此章將「天地不自生因而能長生」的天道應用到人事上，希望聖人效法天地，要有後其身、外其身的無私精神，然後才能成其私。第八章說：

上善若水。水善利萬物而不爭，處眾人之所惡，故幾於道。居善地，心善淵，與善仁，言善信，正善治，事善能，動善時。夫唯不爭，故無尤。

此章將「水善利萬物而不爭」的自然道理應用到人事上，希望人能效法水的不爭之德，才不會有怨尤。第三十七章說：

道常無爲而無不爲。侯王若能守之，萬物將自化。化而欲作，吾將鎮之以無名之樸。無名之樸，夫亦將無欲。不欲以靜，天下將自定。

此章拿天道的「無爲而無不爲」的道理應用到人事上，希望侯王能效法天道的無爲，才能使天下安靜、安定。第三十九章說：

昔之得一者—天得一以清，地得一以寧，神得一以靈，谷得一以盈，萬物得一以生，侯王得一以爲天下貞。……

此章將「天地得道因而能清靜安寧」的道理應用到人事上，希望侯王也能修道、得道，把道做爲治理天下的正道。（《廣雅·釋詁》：貞，正也。）第六十六章說：

江海之所以能爲百谷王者，以其善下之，故能爲百谷王。是以聖人欲上民，必以言下之；欲先民，必以身後之。是以聖人處上而民不重，處前而民不害。是以天下樂推而不厭。以其不爭，故天下莫能與之爭。

此章將「江海善下因而成爲百谷王」的道理應用到人事上，希望聖人效法江海謙卑的美德，自然天下樂推而不厭。第七十六章說：

> 人之生也柔弱，其死也堅強。草木之生也柔弱，其死也枯槁。故堅強者死之徒，柔弱者生之徒。是以兵強則滅，木強則折，強梁者不得其死。強大處下，柔弱處上。

此章拿「堅強者死，柔弱者生」的自然之道應用在人事上，警惕世人不可逞強，否則將自取滅亡。第七十七章說：

> 天之道其猶張弓與？高者抑之，下者舉之；有餘者損之，不足者補之。天之道，損有餘而補不足；人之道則不然，損不足以奉有餘。孰能有餘以奉天下，唯有道者。

此章將「損有餘而補不足」的天道應用在人事上，希望世人都能「有餘以奉天下」。第七十八章：

> 天下莫柔弱於水，而攻堅強者莫之能勝，以其無以易之。弱之勝強，柔之勝剛，天下莫不知，莫能行。

此章將「柔弱的水能勝剛強」的自然之道應用在人事上，希望世人要固守柔弱才能勝剛強。第八十一章說：

> 天之道，利而不害；聖人之道，爲而不爭。

此章將「利而不害」的天道應用在人事上，希望世人要爲而不爭，世界才能和平。

由以上資料可以看出，老子的思想因受到太史「推天道以明人事」的職務習慣的影響，所以常有假借自然現象的變化規律，說明人事活動的準則的情形。

七、提供治道

太史因須推天道、明人事，因而深悉成敗興亡之道，所以他必須爲聖人、侯王提供治國之道。老子思想受其職責的影響，所以在《老子》書中常會論及治國之道。例如：第三章說：

不尚賢，使民不爭；不貴難得之貨，使民不爲盜；不見可欲，使民心不亂。是以聖人之治，虛其心，實其腹，弱其志，強其骨。常使民無知無欲。使夫智者不敢爲也。爲無爲則無不治。

此章說明，聖人之治須不尚賢、不貴難得之貨、常使民無知無欲。無知無欲方能無爲，能無爲則無不治。⑱。第七章說：

是以聖人後其身而身先，外其身而身存。非以其無私邪？故能成其私。

此章說明，聖人治國必須有後其身、外其身的無私精神，方能身先、身存、成其私。第二十二章說：

是以聖人抱一以爲天下式。不自見故明，不自是故彰，不自伐故有功，不自矜故長。

此章說明，聖人治國必須固守無爲之道，做爲天下人的法則。不自我表現，反而能顯明；不自以爲是，反而能彰顯；不自我誇功，反而有功；不自矜持，反而能長久。（一是指道。）

第二十六章說：

重爲輕根，靜爲躁君。是以君子終日行不離輜重。雖有榮觀，燕處超然。奈何萬乘之主，而以身輕天下？輕則失根，躁則失君。

此章說明，萬乘之主當穩重、清靜，不可輕浮、急躁。第二十七章說：

是以聖人常善救人，故無棄人；常善救物，故無棄物。是謂襲明。

此章說明，聖人治國應當以「人盡其才，物盡其用」爲原則，做到「無棄人，無棄物」的境界。第二十九章說：

將欲取天下而爲之，吾見其不得已。天下神器，不可爲也，不可執也。爲者敗之，執者失之。是以聖人無爲故無敗，無執故無失。夫物或行或隨，或歔或吹，或強或羸，或載或隳。是以聖人去甚、去奢、去泰。

此章說明，聖人「去甚、去奢、去泰」，所以能「無爲、無執」。能「無爲、無執」，所以「無敗、無失」。第三十二章說：

道常無名樸。雖小天下莫能臣。侯王若能守之，萬物將自賓。……

此章說明，侯王如能固守無爲之道，萬物自然而然的臣服於他。第三十七章說：

道常無爲而無不爲。侯王若能守之，萬物將自化。……

此章說明，侯王如能固守無爲之道，萬物自然自我化育，自生自長。第三十九章說：

故貴以賤爲本，高以下爲基。是以侯王自稱孤、寡、不穀。此非以賤爲本邪？非乎？人之所惡，唯孤寡不穀，而王公以爲自稱，至譽無譽。……

此章說明，侯王以「孤、寡、不穀」賤稱自己，卻反而因此而得高貴。第四十九章說：

聖人無常心，以百姓心爲心。善者吾善之，不善者吾亦善之，德善。信者吾信之，不信者吾亦信之，德信。聖人在天下，歙歙焉爲天下渾其心，百姓皆注其耳目，聖人皆孩之。

此章說明，聖人治國，在使百姓回歸如嬰孩般的渾樸，所以百姓都能得善、得信。第五十七章說：

以正治國，以奇用兵，以無事取天下。……故聖人云：我無爲而民自化，我好靜而民自正，我無事而民自富，我無欲而民自樸。

此章說明，聖人對於治國與用兵的方法是不同的，治國要用清靜無爲的正道，用兵要用詭譎的奇謀。聖人能用清靜無爲的正道治國，所以百姓都能自然化育、自然純正、自然富裕、自然樸實。第五十八章說：

其政悶悶，其民淳淳；其政察察，其民缺缺。是以聖人方而不割，廉而不劌，直而不肆，光而不耀。……

此章說明，聖人爲政應該不妄言、不輕易發佈政令，人民自然純樸。爲政者如過於精明嚴苛，人民反而欺詐狡滑。第六十三章說：

圖難於易，爲大於細；天下難事必作於易，天下大事必作於細。是以聖人終不爲大，故能成其大。夫輕諾必寡信，多易必多難。是以聖人猶難之，故終無難矣。

此章說明，聖人處事的方法是「圖難於易，爲大於細」，所以才能沒有困難，才能成就他的偉大。第六十六章說：

是以聖人欲上民，必以言下之；欲先民，必以身後之。是以聖人處上而民不重，處前而民不害。是以天下樂推而不厭。以其不爭，故天下莫能與之爭。

此章說明，聖人對於百姓說話謙卑，身居百姓之後，所以對於百姓不會構成壓力與傷害，因此百姓都會樂意推戴他。第七十二章說：

民不畏威，則大威至。無狎其所居，無厭其所生。夫唯不厭，是以不厭。……

此章說明，爲政者不要壓迫人民的生活，人民才不會厭惡他。第七十四章說：

民不畏死，奈何以死懼之？若使民常畏死，而爲奇者吾得執而殺之，孰敢？常有司殺者殺。夫代司殺者殺，是謂代大匠斲，夫代大匠斲者，希有不傷其手矣！

此章說明，爲政者要賞罰分明。要使一般百姓都懂得愛惜自己的生命，不輕易走險而死。如果有人想作姦犯科，就將他繩之以法，自然沒人敢犯法。第七十八章說：

是以聖人云：受國之垢，是謂社稷主；受國不祥，是爲天下主。

此章說明，能爲全國人承擔屈辱、災難的人，才夠資格做社稷主，天下王。第八十一章說：

聖人不積，既以爲人己愈有，既以與人己愈多。天之道，利而不害；聖人之道，爲而不爭。

此章說明，聖人積德不積財，他盡量爲別人著想，盡量給與別人好處，結果他的德業就像高山大海，越積越高，越積越廣，這就是爲而不爭的好處。爲而不爭是無所爲而爲，無所爲而爲是勞動的藝術化。「爲」才能使世界進步，「不爭」才能使天下安定。

以上數章所談的道理，都是老子提供聖人、侯王參考的治國的方法。所以高亨先生說：

老子之言皆爲侯王而發。其書言「聖人」者凡三十處，皆有位之聖人，而非無位之聖人也。言「吾」、言「我」者凡十許處，皆侯王之自稱……故《老子》書實侯王之寶典，老子哲學實侯王之哲學也。[19]

由高先生這段話可以了解，以老子爲中心的道家思想，在漢朝被認爲是「君人南面之術」是有道理的。

第三節 《老子》思想的兵家色彩

根據本書第二章第二節「老子其書」的結論，《老子》書大部份是春秋末年的老子—李耳所作，而其中一部份是戰國時人掇拾道家言論薈萃而成。因此許抗生先生以爲《老子》的成書可能是在戰國中期。[20]

《老子》的成書如果是戰國中期，那麼它的思想可能多少會受到春秋末年的《孫子》的影響。所以許抗生先生說：「《老子》一書的作者是非常重視對兵書的研究。例如書中就曾直接引用過兵家之言。[21]」李澤厚先生說：「《老子》不一定是講兵法的書，但它與兵家有密切的關係。這關係主要不在善用兵者如何運用它，而在它的思想來源，可能與兵家有關係。[22]」

許先生說《老子》的作者非常重視對兵書的研究。李先生說《老子》的思想來源可能與兵家有關係。許、李兩位先生的看法，可以從《老子》與《孫子》兩書中的思想與詞語得到證明。例如：

一、兩書中對於「道、天、地」三個層次的排列是一樣的。

故經之以五事：一曰道、二曰天、三曰地、四曰將、五曰法。（《孫子．始計篇》）

人法地、地法天、天法道、道法自然。（《老子》．第二十五章）

二、兩者都認爲，善用兵者要不戰而屈人之兵。

百戰百勝，非善之善者也。不戰而屈人之兵，善之善者也。善用兵者，屈人之兵而非戰也；拔人之城，而非攻也。（《孫子．謀攻篇》）

善爲士者不武，善戰者不怒，善勝敵者不與。（《老子．第六十八章》）

三、兩者都談到「進軍、退軍」的道理。

不知軍之可以進而謂之進，不知軍之可以退而謂之退，是謂縻軍。（《孫子．謀攻篇》）

用兵有言：『吾不敢爲主而爲客，不敢進寸而退尺。（《老子．第六十九章》）

四、兩者都談到「知己知彼」的問題。

知己知彼，百戰不殆。（《孫子．謀攻篇》）

知人者智，自知者明。（《老子．第三十三章》）

五、兩者都談到「奇正循環」的道理。

戰勢不過奇正，奇正之變，不可勝窮也。奇正相生，如循環之無端，孰能窮之哉？（《孫子．兵勢篇》）

禍兮福之所倚，福兮禍之所伏，孰知其極？其無正，正復爲奇，善復爲妖。（《老子．第五十八章》）

六、兩者都談到「治與亂」、「強與弱」的對立轉化的道理。

亂生於治，怯生於勇，弱生於強。（《孫子．兵勢篇》）

將欲弱之，必固強之；將欲廢之，必固興之；將欲取之，必固與之。（《老子．第三十六章》）

七、兩者都喜歡以「水」做比喻。

夫兵形象水。水之形，避高而趨下；兵之形，避實而擊虛。（《孫子．虛實篇》）

上善若水。水善利萬物而不爭，處衆人之所惡，故幾於道。（《老子．第八章》）

八、兩者都談到「後其身而身先」的道理。

故迂其途而誘之以利，後人發，先人至。（《孫子．軍爭篇》）

後其身而身先。（《老子．第七章》）

九、兩者都談到以「慈」用兵的道理。

視卒如嬰兒，故可與之赴深谿；視卒如愛子，故可與之俱死。（《孫子・地形篇》）

夫慈，以戰則勝，以守則固。（《老子・第六十七章》）

十、兩者都談到「爲客、爲主」的問題。

凡爲客之道，深入則專，主人不克。（《孫子・九地篇》）

吾不敢爲主而爲客。（《老子・第六十九章》）

十一、兩者都談到「善戰者不怒」的道理。

主不可以怒而興師，將不可以慍而致戰。（《孫子・火攻篇》）

善戰者不怒。（《老子・第六十八章》）

十二、兩者都談到「無形、無聲」的問題。

善攻者敵不知其所守；善守者敵不知其所攻。微乎微乎！至於無形。神乎神乎！至於無聲。故能爲敵之司令。（《孫子・虛實篇》）

大音希聲，大象無形。（《老子・第四十一章》）

由以上資料可以看出，《老子》的作者對於《孫子》這部兵書是很有研究的。因爲他對於兵書有研究，所以他的思想也就難免帶有一些兵家的色彩。

【附註】

① 韋政通：《中國思想史》第二頁，大林出版社，民國七十一年版。
② 任繼愈：《中國古代哲學發展的地域性》，中華書局，一九八〇年版。
③ 蒙文通：《古學甄微》，巴蜀書社，一九八七年版。
④ 蔡元培：《中國倫理學》，台北中國民俗學會複印北京大學民俗叢書第八輯，民國七十六年版
⑤ 馮友蘭：《中國哲學史》上冊第二一六頁，台灣商務印書館，一九九〇年版。
⑥ 陸永品：《老莊研究》
⑦ 李水海：《老子道德經楚語考論》，陝西人民出版社。
⑧ 王博：《老子思想的史官特色》第一〇六頁，文津出版社，民國八十二年版。
⑨ 劉大杰：《中國文學發展史》第八三頁，華正書局，民國七十二年版。
⑩ 張立文：《周易與中國文化之根》，人民大學出版社
⑪ 王叔岷：《先秦道法思想講稿》第二十四頁，《中國文哲專刊》，民國八十一年版。
⑫ 王葆玹：《老子與稷下黃老之學》，《哲學研究》增刊，一九九〇年版。
⑬ 李玉潔：《楚史稿》，第一八七—一八八頁，河南大學出版社，一九八八年版。
⑭ 班固：《漢書·地理志》

⑮《論語·衛靈公篇》
⑯同註⑧，第五十六—第七十二頁。
⑰同註⑧，第七十九頁。
⑱同註⑧，第九十五頁。
⑲高亨：《老子正詁》；台灣啓明書局，民國六十八年版。
⑳許抗生：《老子研究》第一三八頁，水牛出版社，民國八十一年版。
㉑同註⑳，第一七七頁。
㉒李澤厚：《中國古代思想史論》第八十九頁，風雲時代出版社。

第四章　老子論宇宙

宇宙問題是個既浩瀚且精微的問題，所以儒家對它採取存而不論的態度，他們把大部份的精神用在人事上。從社會觀點看儒家思想，的確很切實、很具體；但是，若從宇宙觀點看來，便要讓人感覺既平凡又粗淺了。在先秦諸子中，對於宇宙問題最有研究、最有貢獻者，莫過於老子及莊子。他們的著作大部份都在談論宇宙問題，然後由宇宙問題落實到人生、政治及其他問題。老子論宇宙，精要而玄妙；莊子談宇宙，具體而詳明。

《淮南子、原道訓》：「四方上下曰宇，往古來今曰宙。」宇是指空間，宙是指時間。所謂「宇宙」，就是天地萬物所寄存的時間和空間。人是萬物之一，人和萬物既然不能脫離所寄存的宇宙而生活，於是對於神秘的宇宙便興起了研究的興趣。所以叔本華（Arthur Sochopenhauer）說：「驚駭怪異之念，所以喚起人生需要形而上學之因素也。」①

對於宇宙的問題，首先我們要追問的便是天地萬物的來源。有關這個問題，古代中、西哲學家頗多異議，但是，歸納起來，不外單元論與多元論兩個學派。多元論者，認爲多種元素爲萬物的來源。例如印度哲學家以爲「地、水、火、風，生一切有情。」中國陰陽家認爲「五行（金、木、水、火、土）化生萬物。」單元論者卻以唯一之物爲萬物的來源。例如古希望哲學家泰來斯（Thales）以水爲萬物的根源；亞尼斯密斯（Anoximenes）以空氣爲萬物的根源；赫來克利特斯（Heraclitus）以火爲萬物的根源。②老子說：「道生一，一生二，二生三，三生萬物。」（第四十二章）由上文可知，老子把「道」做爲萬物的來源，所以，老子應屬單元論者。

老子不但把道做爲萬物的根源，而且把道做爲他的思想中心，然後發展成各種理論。道在《老子》書中總共出現七十三次，其重要性由此可知。然而，道究竟爲何物？道到底有何特性？這些便是本章所要談論的問題。

關於這個問題，王叔岷、陳鼓應及傅武光先生的見解很有參考的價值。王先生認爲道爲天地萬物的主宰、道永恆存在、道不可名狀、道運行不已、道爲實有、道法自然及道爲德之本等特性。③陳先生認爲道有實存意義的道、規律性的道及生活準則的道。④傅先生以爲道有創生性、虛無性、完整性、先在性、超越性、運動性、自然性、不變性及永恆性等特性。⑤茲參考三位先生的論述，依據本人的意見，增損調整如下：

老子的道的特性，可由本體及作用兩方面來討論。從本體上說，道擁有先在性、獨立性、完整性、恆常性、自然性、虛無性、實有性等特性；由作用上說，道具備生育性、宗主性、柔弱性及運動性等特性；而其運動性又可分為反復循環、對立轉化、相反相成及相反相剋等運動方式。茲分述如後。

第一節　由本體方面論道的特性

所謂「本體」是指宇宙萬物的根源、本質或基本元素而言。⑥老子的本體論是以道為宇宙萬物的本體，有下列幾個特性：

一、先在性

老子認為道創生萬物，在它之前，別無更先更早之物，所以它是最高、最上、最早、最先的一種存有。李澤厚先生說：「它先於天地，早於萬物，高於一切，包括高於上帝、鬼神、自然、文明。」⑦老子說：

道沖，而用之或不盈。淵兮似萬物之宗，……湛兮似或存。吾不知誰之子，象帝之

先。（第四章）

王弼註：

天地莫能及之，不亦似帝之先乎？帝，天帝也。⑧

本章說明道創生萬物，故爲萬物之宗。宗教家以爲天帝創造萬物，老子卻認爲道尚在天帝之先。老子的道的先在性打破了「神造萬物」之說。老子說：

有物混成，先天地生。……可以爲天下母，吾不知其名，強字之曰道，強爲之名曰大。……（第二十五章）

釋德清曰：

未有天地，先有此物（指道），故曰先天地生。⑨

本章說明道不但在天帝之先，而且先天地而生，所以說它是最早、最先的一種存有。

二、獨立性

所謂獨立性是指道超然獨立於萬物之上。老子說：

有物混成，先天地生。寂兮寥兮，獨立而不改，周行而不殆。（第二十五章）

王弼註說：

無物之匹，故曰獨立。⑩

河上公註說：

獨立者，無匹雙。⑪

本章說明道是無物之匹，所謂「無物之匹」就是最高、最上、最早、最先的唯一存在，它不與物相對待，它是超然獨立於萬物之上。

三、完整性

所謂完整性是說明道本是一個混沌、完全、齊備的整體，不容分割。老子說：

道生一，一生二，二生三，三生萬物。（第四十二章）

王弼註說：

萬物萬形，其歸一也。何由致一，由於無也。由無乃一，一可謂無。⑫

按道的本體是無，「有生於無」（第四十章），所以「道生一」之「一」便是指有。「萬物一氣，天下一理」，以理氣二者來說，理就是道，氣就是一。道是創生萬物的原質，也是萬物運作的原理；原質是一樣的，原理是一律的，是沒有區別的，是不容分割的，它是完整的。所以李澤厚先生：「道本是一個混沌、完全、齊備的整體，如果硬要弄出種種區別，就要失去那眞實的本體存在。」⑬

李錦全先生說：「道是混沌未分的總體。」⑭老子說：

載營魄抱一，能無離乎？（第十章）

聖人抱一以爲天下式。（第二十二章）

昔之得一者，天得一以清，地得一以寧，神得一以靈，谷得一以盈，萬物得一以生，侯王得一以爲天下貞。（第三十九章）

以上數章中之「一」都是指道，老子之所以用「一」代表道，正是要說明道的完整性，不可分割性。

四、恆常性

所謂恆常性是指道的無始無終，長久永恆，萬古長存。老子說：

迎之不見其首，隨之不見其後。……（第十四章）

嚴復說：

見首見尾，必有窮之物。道與宇宙，無窮者也，何由見之？⑮

本章說明道是無始無終，沒有人了解它的源頭在那裡，也沒有人了解它以後的變化如何？也就是莊子寓言篇所說的「莫知其所終，莫知其所始」的意思。所以李澤厚先生說：「一切事物都是有生死終始的，都局限在一定具體的時空範圍內。只有道是超越一切，它無始無終，無生死，無喜怒，無愛惡。⑯老子說：

自今及古，其名不去。（第二十一章）

王弼註說：

至眞之極，不可得名。無名則是其名也。自古及今，無不由此而成，故曰：「自古及今，其名不去」也。⑰

河上公註說：

從古至今，道常在不去。⑱

本章說明道是普遍的，永恆的。任何地方都有它的存在，任何時間都有它的作用。從古到今，永不磨滅。所以李澤厚先生說：「總之，它的特徵似乎是無所不在，而又萬古長存。」⑲

五、自然性

自然就是自己如此，別無外力催動。所謂自然性就是道以自然爲性，並不是在道之上還有一層自然。⑳老子說：

人法地，地法天，天法道，道法自然。（第二十五章）

王弼註說：

道不違自然，乃得其性，法自然也。㉑

吳澄註說：

道之所以大，以其自然，故曰法自然，非道之外，別有自然也。自然者，無有無名是也。㉒

本章說明自然是道的自身的法則，也是道的特性。㉓

李錦全先生說：「老子的四大並不是平列的，道是超出於天地之上，而天地都要遵循道的法則行事，但這個道之上，卻沒有更高的主宰，所以道所遵循的，只是一種自然而然，無爲而無不爲的法則罷了。」㉔老子說：

道之尊，德之貴，夫莫之命而常自然。（第五十一章）

蔣錫昌說：

道之所以尊，德之所以貴，即在於不命令或干涉萬物，而任其自化自成也。

本章說明道之所以尊，德之所以貴，乃在於它從不干涉、支配萬物，而聽任其自化自成，然而萬物卻能各盡其性，各遂其長。這也就是孔子所說的「天何言哉！四時行焉，百物生焉，

天何言哉！」㉖

六、虛無性

老子以道爲天地萬物的本源，由源頭而論，道本是不可名、不可道的虛無之體。所以老子說：

無，名天地之始，……故常無，欲以觀其妙。（第一章）

老子的道因爲有虛無的特性，所以它是超乎聲色形象之外，它是無聲、無色、無形的，也就是楞嚴所謂「罔象虛無」，因此我們聽不到它，看不到它，也抓不到它。所以老子又說：

視之不見，名曰夷；聽之不聞，名曰希；搏之不得，名曰微。此三者不可致詰，故混而爲一。其上不皦，其下不昧。繩繩不可名，復歸於無物。是謂無狀之狀，無物之象，是謂惚恍。（第十四章）

道從源頭看，它的性質是虛無的，所以它超越了人類一切感覺知覺，讓我們無從認識，讓我們不可道，不可名，所以老子說：「道可道，非常道；名可名，非常名。」㉗但是道雖然不可道，不可名，爲了方便，不得已「強字之曰道，強爲之名曰大」。㉘

七、實有性

道的虛無性，並非空無所有，它只是無色、無聲、無形，超越我們的感覺知覺而已。它是一個實有的存在體，是一切存在的根源。所以老子說：

道之爲物，惟恍惟惚。惚兮恍兮，其中有象；恍兮惚兮，其中有物。窈兮冥兮，其中有精；其精甚眞，其中有信。（第二十一章）

《易經．繫辭傳》說：

天地絪縕，萬物化醇。男女構精，萬物化生。

《管子．內業篇》說：

精，氣之極也。精也者，氣之精也。凡人之生也，天出其精也。

以上所說的精，無論是天地的精氣，或者是人類的精子，都是指生化萬物的「原質」，也就是佛家所說的「種子」，儒家所謂的「仁」。這原質裡面充滿著無限的生機，這生機是「視之不見、聽之不聞、搏之不得」的虛無體，所以老子稱它爲「無」。這生機是非常眞實的，有種必生，從未失信，所以老子說「其中有精，其精甚眞」。精化生萬有之後，於是形成有形可見之物。老子稱它爲有。所以老子說：

天下萬物生於有，有生於無。（第四十章）

這裡所說的有無並不是對立的，而是一貫的，連續的。它是用來說明道創生萬物的時候，由無形質落實到有形質的活動過程。所以，無、形容道的虛無性；有、形容道的實有性。

由本體方面論道，它擁有以上七種特性。

第二節　由作用方面論道的特性

老子書中的道有兩種意義：一是指本體的道，一是指作用的道。有本體才能發生作用，有作用才能顯揚本體，體用的關係是非常密切的。由本體方面論道的特性，已如上述；由作用上說，道有下列幾種特性：

一、生育性

老子認爲道不但能生產萬物，還能養育萬物，所以他說：

道生一，一生二，二生三，三生萬物。（第四十二章）

大道氾兮其可左右。萬物恃之以生而不辭，功成而不有。衣養萬物而不爲主，可名

爲小。……（第三十四章）

李息齋說：

萬物非道不生……萬物非道不成，……萬物非道不養。……㉙

本章所謂「生」，是指生產萬物；所謂「養」，是指養育萬物而言。老子說：

天下萬物生於有，有生於無。（第四十章）

本章的「有」與「無」，都是用來指稱道的，只不過名稱不同而已。所以老子說：「此二者同出而異名，同謂之玄。」（第一章）老子用有、無來表明道生產萬物時，由無形質落實到有形質的一個活動過程。

河上公註說：

道生之；德畜之；長之育之，成之熟之，養之覆之。……（第五十一章）

道之於萬物，非但生之而已，乃復長養成熟，覆育全於性命。

本章的「生、畜、長、育、成、熟、養、覆」，都在說明，道對於萬物有其生育的特性。

二、宗主性

老子認爲道創生萬物，因而成爲萬物的宗主。所以他說：

道沖，而用之或不盈，淵兮似萬物之宗。……（第四章）

河上公註說：

道淵深不可知也，似爲萬物之宗祖。㉛

釋德清說：

道體淵深寂寞，其實能發育萬物，而爲萬物所依歸。但生而不有，爲而不宰，故曰似萬物之宗。㉜

本章說明道淵深莫測，可爲萬物的宗祖。老子說：

道常無名樸，雖小，天下莫能臣。侯王若能守之，萬物將自賓。……譬道之在天下，猶川谷之於江海。（第三十二章）

蘇子由說：

道之爲物，舒之無所不在，而斂之不盈毫末，此所以雖小而不可臣也。㉝

王弼註說：

川谷之求與江海，非江海召之，不召不求而自歸者也。行道於天下者，不令而自均，不求而自得，故曰猶川谷之於江海也。㉞

老子說：「（道）衣養萬物而不爲主，可名於小。」（第三十四章）又說：「萬物歸焉而不為主，可名為大。」（第三十四章）由上可知，道雖是至小無內，但是從另一面看，它又是至大無外，所以說：「雖小，天下莫能臣。」「天下莫能臣」，正可以表現它的宗主性。道之於天下萬物，正猶萬川之歸於江海。

三、柔弱性

老子所謂的柔弱並不是懦弱、軟弱，而是柔和、柔軟的意思。道的作用是柔軟柔和的，所以可久、可大。因此老子說：

弱者，道之用。（第四十章）

綿綿若存，用之不勤。（第六章）

柔和的反面是剛暴，柔軟的反面是堅強。剛暴是不得長久的，堅強是容易毀滅的。所以老子說：

飄風不終朝，驟雨不終日。孰為此者？天地。天地尚不能久，而況於人乎？（第二十三章）

人之生也柔弱，其死也堅強。草木之生也柔脆，其死也枯槁。故堅強者死之徒，柔弱者生之徒。是以兵強則滅，木強則折，強梁者不得其死。強大處下，柔弱處上。（

第七十六章）

老子不但發現了柔弱的好處與剛強的壞處，而且還察覺到柔弱可以勝剛強的道理。例如：滴水穿石、舌存齒落、狂風難斷柳絲等。所以老子說：

天下莫柔弱於水，而攻堅強者莫之能勝……弱之勝強，柔之勝剛，天下莫不知，莫能行。（第七十八章）

「弱者道之用」可以說是老子的經驗知識，而「柔弱者生之徒」以及「柔弱勝剛強」可以說是老子的發展知識。

四、運動性

老子說：「反者，道之動。」（第四十章）反可以說是道的運動性。而「反」在老子思想中有反復循環、對立轉化、相反相成、相反相剋等多種意義。茲分述如下：

(一)反復循環

老子認為反復循環是道的運動方式之一。所謂反復循環，就是張起鈞先生所說的「道的效力，不僅能夠持續不斷，歷久常新，並且它還有一種往復如環的運行秩序，雖歷經任何演變，都能都能協調美好，而絕無敝敗脫節之虞，正所謂『周行而不殆』。」[35]所謂往復如環、周行不殆，就是反復循環的意思。所以老子說：

有物混成，先天地生。寂兮寥兮，獨立而不改，周行而不殆，可以爲天下母。吾不知其名，強字之曰道，強爲之名曰大。大曰逝，逝曰遠，遠曰反。（第二十五章）

高亨註：

反，旋也，循環之義。㊱

勞思光說：

反者，包含循環交變之義。㊲

本章所說的周行及反，根據高亨、勞思光先生的看法，都有反復循環的意思。如春去夏來，秋盡冬至，周而復始。

㈡對立轉化

老子認爲對立轉化也是道的運動方式之一。所謂對立轉化就是一事物發展到了極點，都會向它的相反方向變去。所以老子說：

曲則全，枉則直，窪則盈，敝則新……（第二十二章）

本章所說的「曲、枉、窪」的反面就是「全、直、盈」。「曲、枉、窪」發展到了極點，就會向「全、直、盈」的方向變去。老子又說：

> 將欲歙之，必固張之；將欲弱之，必固強之；將欲廢之，必固興之；將欲取之，必固與之；是謂微明。（第三十六章）

本章所說的「張、強、興、與」的反面就是「歙、弱、廢、取」。「張、強、興、與」發展到了極點，便會向「歙、弱、廢、取」的方向變去。老子又說：

> 禍兮福之所依，福兮禍之所伏。孰知其極？其無正。正復爲奇，善復爲妖。（第五十八章）

本章所說的禍與福、正與奇、善與妖，都是對立相反的兩面，它們都會互相轉化。因此，馮友蘭先生說：「事物變化的最大通則，即一事物若發達至於極點，則一變而爲其反面。」[38]勞思光先生說：「每一事物或性質，皆可變至反面。」[39]任繼愈先生也說：「老子概括了當時自然現象和社會現象，他指出事物都向它的相反方向變去。」[40]以上三位先生所說的「事物都向它的相反方向變化」，就是本節所說的「對立轉化」。而對立轉化也是道的運動方式之一。

(三)相反相成

老子認爲任何事物都有它的相反對立面，而且都在相反對立的狀態下形成、顯現，這就是所謂的相反相成。所以老子說：

天下皆知美之爲美，斯惡已；皆知善之爲善，斯不善已。故有無相生，難易相成，長短相形，高下相傾，音聲相和，前後相隨。（第二章）

美、惡是相反的觀念，有美方能相反形成惡的觀念。善、不善也是相反的觀念，有善才能相反形成不善的觀念。同樣道理，有、無相對產生，難、易相對形成，長、短相對顯現，發音、回聲相互應和，前、後互相跟隨。由上可知，事物都在相反對立的狀態下形成。因此，李錦全先生說：「老子不但看到矛盾，也看到事物的矛盾不是孤立的，凝固的。矛盾的雙方處在對立統一之中，都是相互聯繫，相互依存的。」他又說：「老子還認爲，事物的矛盾都是相反相成的，即以其對立面作爲自己存在的前提，同處於一個統一體中，就是相反的東西有統一性。」㊶由此可知，相反的事物都有相成的作用，而相反相成正是道的運動方式之一，也是道的作用之一。

陳鼓應先生說：「相反相成的作用是推動事物變化發展的力量。」㊷老子說：

聖人後其身而身先，外其身而身存。非以其無私邪？故能成其私。（第七章）

後其身和先其身是相反對立的，能後其身的人才能有身先的成就。外其身和身存是相反對立的，能後其身才能身存。無私和成其私也是相反對立的，無私才能成其私。以上可證，相反相成的作用，的確是推動事物變化的力量。

(四)相反相剋

所謂相反相剋是指相反對立的事物，常有相互克制對方的作用。老子說：

柔弱勝剛強。（第三十六章）

天下之至柔，馳騁天下之至堅。（第四十三章）

天下莫柔弱於水，而攻堅強者莫之能勝。（七十八章）

以上三章皆在說明柔弱勝剛強的道理。柔弱與剛強是相反對立的事物，柔能克剛，弱能克強。所以胡適之先生說：「狂風吹不斷柳絲，齒落而舌長存，最柔弱的水可衝開山石，鑿成江河；人類交際也是如此，湯之於葛，太王之於狄，都是以柔道取勝。」㊸老子說：

靜勝躁，寒勝熱。（第四十五章）

靜與躁、寒與熱，皆為相反對立的事物。由情理上看，個性沈靜的人往往能勝於浮躁的人；從物理上看，寒水可以克制熱火。

由以上數章可知，相反對立的事物，常有互相克制對方的作用，亦即相反相剋的道理。可知相反相剋也是道的運動方式之一，也是道的作用之一。

任繼愈先生說：「老子的辨證法，過份強調矛盾對立面的統一性，而忽視矛盾對立面的鬥爭性。」㊹

任先生所說的矛盾對立面的統一性，是指相反相成，而矛盾對立面的鬥爭性，應是指相反相剋。任先生認爲「老子過份強調矛盾對立面的統一性，而忽視矛盾對立面的鬥爭性」，事實上，由以上可證，老子不但注意矛盾對立面的統一性，同時也注意到矛盾對立面的鬥爭性。換句話說，老子不只注意相反相成，同時也注意相反相剋的一面。

總而言之，道由本體上說，它是構成萬物的原質；由作用上說，它是使萬物運動的原理。從本體上說，它是無形的；從作用上說，它是無爲的。高懷民先生說：「自從道的觀念成立以後，中國先秦的一切思想有了歸趨，有了根本，有了尺度。論天有天道，論地有地道，論人有人道，萬物萬事莫不各有其道。」㊺天、地、人各有其道，但是地道、人道總要以效法天道爲依歸。所以老子說：「人法地、地法天、天法道、道法自然。」（第二十五章）人能法道，一切遵道而行，自然事半功倍，達到無物不生，無事不成的地步。能法道的無爲，則無不爲；（第四十八章）能法道的柔弱，就可以馳騁天下之至堅；（第四十三章）能法道的不爭，則天下莫能與之爭；（第六十六章）能法道的無私，就可以成其私；（第七章）能法道的不自大，自然可以成其大，（第三十四章）最後達到「天人合一」的和諧統一的境界。這就是老子所說的「深根固柢，長生久視之道。」（第五十九章）

【附註】

①范錡：《哲學概論》第二頁，台灣商務印書館，民國八十二年版。
②胡哲敷：《老莊哲學》第四十六頁，台灣中華書局，民國五十九年版。
③王叔岷：《先秦道法思想講稿》第三五—三九頁，中央研究院、中國文哲研究所，民國八十一年。
④陳鼓應：《老子今註今譯》第二一十二頁，台灣商務印書館，民國六十一年版。
⑤傅武光：《孔孟老莊思想的平等精神》第一六六—一七三頁，文津出版社，民國七十九年版。
⑥周世輔：《中國哲學史》第一一二頁，三民書局，民國七十七年版。
⑦李澤厚：《中國古代思想史論》第二一六頁，風雲時代出版公司，民國八十三年版。
⑧王弼：《道德眞經註》第十一頁。華正書局，民國七十年版。
⑨釋德清《老子道德經解》上篇第三十五頁，嚴靈峰編《無求備齋老子集成初編》，藝文印書館。
⑩同註⑧，第六十三頁。
⑪河上公：《老子道德經註》第一七四頁，華正書局，民國六十七年版。
⑫同註⑧，第一一七頁。
⑬同註⑦，第二一八頁。
⑭李錦全：《中國哲學史》上卷第一一二頁，北京人民出版社，一九八九年版。

⑮ 嚴復：《評點老子》第七頁。
⑯ 同註⑦，第二一七頁。
⑰ 同註⑧，第五十三頁。
⑱ 同註⑪，。
⑲ 同註⑦，第二一六頁。
⑳ 同註⑤，第一七一頁。
㉑ 同註⑧，第六十五頁。
㉒ 吳澄：《道德眞經註》卷二第九頁，嚴靈峰編無求備齋老子集成初編，藝文印書館。
㉓ 吳怡：《新譯老子解義》第二一六頁，三民書局，民國八十三年版。
㉔ 同註⑭，上卷第一一三頁。
㉕ 蔣錫昌：《老子校詁》。
㉖ 《論語．陽貨篇》。
㉗ 《老子．第一章》。
㉘ 《老子．第二十五章》。
㉙ 焦竑：《老子翼》卷三第三十一頁，廣文書局，民國五十一年版。

㉚ 同註⑪，第三四一頁。
㉛ 同註⑪，第三八頁。
㉜ 同註⑨，上篇第七頁。
㉝ 焦竑：《老子翼》卷三第三十四頁，廣文書局，民國五十一年版。
㉞ 同註⑧，第八十二頁。
㉟ 《哲學思想論集。張起鈞老子的中心思想》第二三七頁，水牛出版社，民國八十年版。
㊱ 高亨：《老子正詁》第九十一頁，台灣開明書店，民國六十八年版。
㊲ 勞思光：《中國哲學史》第一冊第二四〇頁，三民書局，民國七十年版。
㊳ 馮友蘭：《中國哲學史》上冊第二二六頁，臺灣商務印書館，民國七十九年版。
㊴ 勞思光：《中國哲學史》第一冊第二五二頁。三民書局，民國七十年版。
㊵ 任繼愈：《中國哲學史》第一冊第五十二頁，中國人民出版社，一九九〇年版。
㊶ 同註⑭，第一一八、一一九頁。
㊷ 同註④，第一五四頁。
㊸ 胡適：《中國古代哲學史》第六十三頁，台灣商務印書館，民國五十六年版。
㊹ 同註㊵，第一冊第五十六頁。

㊺　高懷民：《中國先秦與希臘哲學之比較》第十三頁，自印本，民國七十七年版。

第五章　老子論人生

人類是宇宙萬物之一，人生問題是宇宙問題之一。人生的道理本來就存在於宇宙之中，只要從自然現象去探討，便可發現人生的道理。所以老子的人生論便是由其宇宙論引伸而來。

老子對於人生問題的看法和解決方法，大致可分為修己、待人及處事等三方面來論述。

第一節　修己方面

老子論人生，在修己方面，他認為應從少私寡欲、絕學棄智、見素抱樸及致虛守靜等方面著手。茲分述如後：

一、少私寡欲

《老子》第十九章說：

故令有所屬：見素抱樸，少私寡欲。

《荀子·正名篇》說：

性者，天之就也。情者，性之質也。欲者，情之應也。

人生而有性，性中具有喜怒哀懼愛惡欲之情，耳目口鼻舌心之欲。七情的表現必須中節，六欲的需求也要適當，才不致於濫用情感，人欲橫流。

有了耳朵，就想要五音的欣賞；有了眼睛，就想要五色的鑑賞；有了口舌，就想要五味的品嚐；有了心，就想擁有滿堂金玉，就想得到聖賢之名；這些都是情慾的自然表現。人不能沒有欲。沒有食欲，就不能維持身體的健康；沒有求知欲，就不能充實自己的知識；沒有聲色犬馬之欲，生活就沒有樂趣。欲雖然不能沒有，但也不能過份，所謂過猶不及。所以老子要我們「去甚、去奢、去泰」（第二十九章），盡量減少私心，減少欲望。因為，「五色令人目盲，五音令人耳聾，五味令人口爽，馳騁田獵令人心發狂。」（第十二章）一個人如果過份追求眼睛的享受，必致眼花撩亂，視覺失靈，反而不能辨別五色之美；過份追求聲樂的享受，必致聽覺失靈，反而不能辨別五音之美；過份追求五味的享受，必致味覺失靈，反而不能辨別五味之美；過份追逐騎馬打獵的活動，必致心神瘋狂，不得安寧。老子又說：「

名與身孰親？身與貨孰多？得與亡孰病？是故甚愛必大費，多藏必厚亡。」（第四十四章）過份愛好虛名的人，必定要大大地耗費他的精神；過份斂藏財貨的人，必定會有嚴重的傷亡。這些慘重的傷害，都是由於不能「少私寡欲」而來。

那麼，要如何作爲才能「少私寡欲」呢？就是要「知足」、「知止」。知足才能澹泊，澹泊才能保眞。知足的人才不致自取其辱；知止的人才不會有危險。所以老子說：「知足不辱，知止不殆，可以長久。」（第四十四章）知足知止，才能「生而不有，爲而不恃，功成而不居。」（第一章）才能「後其身」、「外其身」，才能「無身」。其結果，「後其身」而「身先」，「外其身」而「身存」正因爲他的「無私」，反而能「成其私」。（第七章）而「無身」的結果，反而「無患」。因爲，「吾所以有大患者，爲吾有身，及吾無身，吾有何患？」（第十三章）所以，唯有知足、知止，才能「少私寡欲」；「少私寡欲」才能「成其私」。

胡哲敷先生說：「老子因爲滲透一切事物的最後價值，認爲對於物質增加一分重視，精神便要增加一分苦惱。」①所以老子要我們對於「可欲」的事物，應淡然處之，「少私寡欲」，才能享受到「知足之足常足矣」（第四十六章）的眞正快樂。

二、絕學棄智

老子說：

絕聖棄智，民利百倍。（第十九章）

絕學無憂（第二十章）

人不能沒有智慧，人不可以不學習，沒有智慧就不能生存，不學習就無法進步。但是老子爲何卻要棄絕它們呢？這就要深入去探討老子所謂「學」與「智」的眞義了。

張起鈞先生說：「老子以爲智慧是知識的綜合運用，而知識則是對宇宙萬象的一種分別辨認。」②知識可以用來分辨宇宙萬象，知識對於人類的重要性由此可知。但是知識由何而來呢？當然由學習而來。蘇子由說：

『爲學日益，爲道日損。』（四十八章）不知性命之正，而以學求益增其所未聞，積之不已，而無以一之，則以圓害方，以直害曲，其中紛然不勝其憂矣！患夫學者之至此也，故曰『絕學無憂』。若夫聖人未嘗不學，而以道爲主，不學而不少，多學而不亂，廓然無憂，而安用絕學邪？③

根據子由這段話，他把學分成「聖人之學」與「俗人之學」。所謂「聖人之學」是以道爲主，然後用體驗、印證來探求一切的道理。如此才能「執古之道，以御今之有」（第十四章）才能「不出戶，知天下。」（第四十七章）就是孟子所說的「學問之道無他，求其放心而已。」④也就是莊子所說的「天地之純，古人之大體」⑤的學問。所謂「俗人之學」卻不能以道爲主，不知性命之正，只是口耳之傳，拾人牙慧，徒知增益其所未聞，就是莊子所說的「不見天地之純，古人之大體」、「不該不遍，一曲之士」的學問。

老子認爲爲學的目的在復性、在克己的工夫。須把一切私心、貪欲克服，來恢復明淨的本性，所以老子說：「損之又損，以至於無爲。」（第四十八章）這種明淨的本性，就是素樸的天眞，由這種素樸的天眞所引起的自然體用便是「眞知」，擁有眞知的人就是「大智」者。大智者是不妄言、不妄爲，是深藏不露的，因此無知者常把他看成「愚人」；事實上他是「大智若愚」，不是眞愚。這種「眞知」、這種「大智」是從何而來的呢？就是由學「聖人之學」得來的。但是這種聖人之學，時人已經不去學了；他們所要學的是孟子所說的「機變之巧」⑥。聖人之學唯獨老子要學它，因爲它可以使人恢復本性的光明，免於犯過，所以老子說：「聖人學不學，復衆人之所過，以輔萬物之自然而不敢爲。」（第六十四章）因此老子主張開「天之天」而不開「人之天」。開天之天是用「道心」的「眞知」去應付萬物，所謂「執古之道，以御今之有」；開人之天是拿「忮心」去應付萬物，結果沈迷於物欲，爭名爭利，到處製造殺機，於是戕生傷性，不能盡性全生，以終其天年。由「忮心」所引起的知識，老子稱之爲「妄知」，這種妄知由何而來？就是學「俗人之學」得來的。表現這種妄知的人，老子稱之爲「小智」者，也就是孔子所說的「好行小慧，難矣哉」⑦的「小慧」。

由上可知，老子所要絕的「學」，就是「俗人之學」；「聖人之學」不但不可絕，而且還要好好地去學它，這就是老子所說的「聖人學不學」的「學」。所以，老子對於「學」的看法，分該學的與不該學的，並不是完全「絕學」。老子是講究「求知」的，他要人「知雄、知白、知常、知足、知不知」，並不是要人人「無知」。至於老子所要棄的「智」，就是好用「忮心」、「妄知」的「小智」；「大智」不但不可棄，而且還要大大地獎勵它，不過要「大智若愚」才好。

總之，「俗學」及「小智」既然無益且有害於修身，就應該棄絕它，努力地學習「聖人之學」「用其光，復歸其明」（第五十二章）來培養「大智」。可見老子所謂的「絕學棄智」，指的是絕「俗學」、棄「小智」而言。

三、見素抱樸

老子說：

見素抱樸，少私寡欲（第十九章）

蘇子由說：

見素抱樸，少私寡欲，而天下各復其性。⑧

說文素部：「素，白致繒也。」木部：「樸，木素也。」⑨

根據說文的解釋，「素」是白致繒，白致繒就是未經染色的白色絲織品。「樸」是木素，木素就是未曾斧斲修飾的原木。「白素」在布料中最爲純潔；「樸木」在木材中最爲質實。老子拿「素、樸」這兩樣東西來比喻人類本性中純淨樸實的元始天眞。

「見素抱樸」的「見」與「現」通，是表現、顯現的意思。「抱」是保持、固守的意思。所謂「見素抱樸」就是要人人都能表現、保持像「素、樸」一樣純淨樸實的元始天眞的本性。

布料中的「素」，木材中的「樸」最爲純潔質實可愛；人類以「嬰兒」最爲可愛。「嬰兒」老子有時稱他爲「赤子」，有時稱他爲「孩」。嬰兒之所以可愛，因爲他還沒被混濁的社會所污染，猶能保存天眞純厚的本性，他的言、行、舉止最爲自然眞實。從生理上說，嬰兒最能「任自然之氣，致至柔之和」，⑩以達「心平氣和」的境界。所以老子說：「專氣致柔，能如嬰兒乎？」（第十章）從精神上說：在衆人汲汲於名利的時候，嬰兒卻能澹泊無爲，沒有一點貪欲妄動，所以老子說：「我泊兮其未兆，如嬰兒之未孩。」（第二十章）當衆人都專注於聲色犬馬的耳目之樂的時候，聖人卻要他們回歸到小孩般的單純，所以老子說：「百姓皆注其耳目，聖人皆孩之。」（第四十九章）

總而言之，老子認爲嬰兒之可愛、可貴就在於他尙能保存著天眞樸素的本性，所以老子說：「常德不離，復歸於嬰兒。」（第二十八章）不但保持這天眞樸素的本性，而且這種本性還相當的充足、豐厚，所以老子又說：「常德乃足，復歸於樸。」（第二十八章）「含德之厚，比於赤子。」（第五十五章）

「樸、素、嬰兒」既然有這麼多的好處，所以老子在修己方面，希望人人都能做到「見素抱樸」，固守著嬰兒時期的這份純眞的天性。因此，韋政通先生說：「生命的成長，完全是一個反自然的過程，人要拾回失去的純眞，必須反逆著社會化的發展，在自我本身下一番大工夫。」⑪

四、致虛守靜

老子說：

致虛極，守靜篤，萬物並作，吾以觀復。（第十六章）

河上公註：

得道之人，捐情去欲，五內清靜，至於虛極也。⑫

范應元說：

致虛守靜，非謂絕物離人也。萬物無足以撓吾本心者，此眞所謂虛極、守靜也。⑬

根據河上公及范應元的解說，人必須致虛、守靜，才能使萬物無足以撓其本心，捐情去欲，以達五內清靜。

所謂「虛」是指心智虛空而無雜念偏見；所謂「靜」是使心靈安寧而不妄動。虛的反面是實是盈。實是有偏見、有成見；盈表示驕傲、自滿。靜的反面是動。

人的心靈本來就像鏡子般的明淨，如水一樣的清澄，沒有一點塵垢雜物的污染。只因有外物的誘惑攪擾，虛空寧靜的心靈便會充滿雜亂不安及妄動的現象。於是不能清楚地鑑照萬物，判斷善惡，以致好壞不分，是非不明。就好像一面明鏡，一潭清水受了塵垢雜物污染之後，不能明確地鑑照萬物一樣。所以老子要我們「致虛極」，使心智虛空而無雜念偏見，像一面清淨無垢的明鏡，才能明確地鑑照萬物。要我們「守靜篤」，使心靈安寧而不妄動，才能三思而後行，謀定而後動。能「虛」能「靜」，便可以理智節制情欲，使情欲得其正而與理智相調和，以達情理融和，「從心所欲而不踰矩」的境界。

老子談「虛、靜」，除上述第十六章以外，還有下列數章：

是以聖人之治，虛其心，實其腹，弱其志，強其骨。常使民無知無欲，使夫智者不敢爲也。（第三章）

河上公註：

聖人治國與治身同也。除嗜欲，去煩亂，懷道抱一，去五神也。⑭

本章中的「虛其心」河上公解說爲「除嗜欲，去煩亂」。人能「除嗜欲，去煩亂」，才能使心智虛空而無雜念偏見，常保無妄知、無貪欲的心境。

不欲以靜，天下將自定。（第三十七章）

靜勝躁，寒勝熱，清靜爲天下正。（第四十五章）

河上公說：

能清靜則爲天下長。⑮

爾雅：

正，長也。

「清靜」的反面是「躁動」，「躁動」是由於「貪欲」的誘惑所引起。所以人無貪欲便不致躁動而能清靜，能清靜才能做天下人的君長；人人能清靜，天下將自然安定下來。

總之，人心是容易受外物的攪擾，以致情欲的表現不得其正。因此，在修己方面，老子要人人「致虛守靜」，才能常保心靈的安寧與清明。所以，黃公偉說：「老子的人生哲學採用否定現象而肯定虛無清靜，乃其一貫的通徹天人關係的穩健態度。」⑯

第二節　待人方面

老子論人生，在待人方面，他認為應從固守柔弱不爭名利及和光同塵等三方面著手。茲分述如後：

一、固守柔弱

老子說：

專氣效柔，能如嬰兒乎？（第十章）

含德之厚，比於赤子。……骨弱筋柔而握固。（第十五章）

人之生也柔弱，其死也堅強。草木之生也柔脆，其死也枯槁。故堅強者死之徒，柔弱者生之徒。（第七十六章）

李息齋說：

此章泛言柔弱之必生，剛強之必死。柔弱雖非所以為道，而近於無為；剛強雖未離於道，而涉於有為。無為則去道不遠；有為則吉凶悔吝隨之，益遠於道矣。⑰

老子所說的「柔弱」並不是軟弱、懦弱，而是「柔軟」的意思，也就是陳鼓應先生所說的「柔弱並非懦弱，老子所說的柔弱是含有無比的韌性和持續性。」⑱柔軟的東西才有韌性、彈性。有韌性彈性的東西，才不致於傷人、傷己，才能長久生存。

由上面老子的幾段話可知，老子從人類和草木的成長過程中發現，凡是生命的初生，其外表是柔弱的，可是內部卻生氣蓬勃。當他（它）們死亡的時候，外表是剛強的，可是內部卻生氣全無。像嬰兒初生的時候，呼吸是那樣的柔和，筋骨是那樣的柔弱，但是他的掌握卻是非常的牢固，他的精神卻是無限的飽滿，因此可以「終日號而不嗄。」（第五十五章）又如草木，初生時，枝葉是柔弱的，顏色是青翠的，可是當它們死亡的時候，枝葉枯槁，毫無生氣。因此，老子說：「人之生也柔弱，其死也堅強；草木之生也柔脆，其死也枯槁。」（第七十六章）老子由觀察物理，歸納經驗，又進而發現到「柔弱」、「堅強」不僅是「生命現象」的定理，也是「生存活動」的定理。萬物在生存活動過程中，凡是能固守柔弱者才能生存，逞勇剛強者必定死亡。所以他說：「堅強者死之徒，柔弱者生之徒。」（第七十六章）

老子由「堅強者死之徒，柔弱者生之徒」的生存活動定理，進而又發現了「柔弱可以勝剛強」的道理。談到「柔弱」這問題，天下沒有比水更柔弱的了。要它圓就圓，要它方就方，要它停止就停止，要它流行就流行。然而攻擊堅強的東西卻沒有一樣能勝過它。屋簷下的雨水，可以滴穿堅硬的石頭；洪水氾濫的時候，可以懷山襄陵，可以沖毀橋樑，任何堅硬的東西都抵擋不住。所以他說：「天下莫柔弱於水，而攻堅強者莫之能勝，以其無以易之。弱之勝強，柔之勝剛，天下莫不知，莫能行。」（第七十八章）

柔弱勝剛強的道理人人皆知，但是卻很少人能實行，所以老子有無限的感慨。劉綱紀先生說：「老子的柔弱勝剛強的思想，給中國傳統文化注入了一種宏大的、超越的精神，使中華民族具有一種不爲強大的力量和艱難曲折所嚇倒的偉大氣魄，中華民族所具有的豁達、恢宏的精神，大部份來自道家。」⑲由上可知，能「固守柔弱」的人，必能養成豁達，恢宏的精神。豁達恢宏的人，必定寬宏大量，才能與人和睦相處。所以在待人方面，老子主張要「固守柔弱」。

二、不爭名利

老子說：

不尚賢，使民不爭。不貴難得之貨，使民不爲盜。不見可欲，使民心不亂。（第三章）

河上公註：

賢，謂世俗之賢。辯口明文，離道行權，去質爲文也。不尚賢，不貴之以祿，不貴之以官，不爭功名，返自然也。……人君不御好珍寶，黃金棄於山，珠玉捐於淵，上化清靜，下無貪人。⑳

釋憨山說：

所以好名好利者，因見名利之可欲也。……若在上者苟不見名利有可欲，則民各安其志，而心不亂矣。㉑

名位的追逐，貨利的追求，是人人爭取的目標。只要「名利」所在，大家便趨之若鶩，肆無忌憚，巧取豪奪，無所不用其極。爭名爭利，實在是一切罪惡及禍亂的起源。所以老子要爲政者「不尚賢、不貴難得之貨、不見可欲」，才能使民「不爭、不爲盜、心不亂。」

所謂「賢」，老子認爲不過是某種環境下適用，換一個不同的環境，則所謂賢者將成爲不賢，所謂不賢者反而成爲賢者。例如一個學會計的人，要他去擔任會計工作的話，因能學以致用，可以表現他的長才，於是就可以使他成爲賢者。如果叫他去種田的話，因學非所用，不能表現他的專才，就要成爲不賢者。得其所才能成爲賢者，不得其所就要成爲愚者。所以每一個人都有成爲賢者的可能，也有成爲愚者的可能。因此，老子要在位者「不尚賢」才能「

使民不爭」。

至於「貨利」，老子認為：從原理上看，萬物皆為道所創造，所以應該是齊同的；從效能上看，形式上雖有長短高低、大小美惡的分別，但是如四肢百骸各有所能、各效其用，所以也應該齊同，不應強分貴賤。因此，老子要為政者「不貴難得之貨」，才能「使民不為盜。」

老子的「不爭名利」，除了因為「賢愚難分」及「萬物齊同」的理由外，就是由於爭名爭利將會招致很大的耗費及嚴重的損失。所以他說：「甚愛（名）必大費，多藏（貨）必厚亡。」（第四十四章）

「爭名利」對於個人，對於社會、國家既然有如此嚴重的傷害，因此老子要我們效法聖人的「萬物作焉而不辭，生而不有，為而不恃，功成而弗居」（第二章）；效法水的「善利萬物而不爭」（第六十六章）；效法天道的「損有餘而補不足」（第七十七章），「利（萬物）而不害」（第七十八章）。然後才能像聖人一樣「以其不爭，故天下莫能與之爭」（第六十六章），像水一樣「夫唯不爭，故無尤」（第八章），像天道一樣「不爭而善勝」（第七十三章）。

「生而不有」的人生觀，是老子最有功於世道人心的思想。生而不有就是「為勞動而勞動」，「為勞動而勞動」梁啓超先生稱之為「勞動的藝術化」。英國哲學家羅素（Russell）

最佩服老子「生而不有」的精神。他認爲人類有占有及創造的衝動。有創造衝動的人，往往同時也有占有的衝動。老子的「生而不有」是專門提倡創造而不占有的衝動，也就是「不爭名利」的人生觀。所以，羅素認爲老子的哲學是最高尚而且最有益於人類的哲學。

馮友蘭先生說：「老子的不爭是一種爭的方法。不爭可以避免眼前的迫害；眼前的不爭，爲的是最後的勝利。」㉒由上可知，在待人方面，如果能保持「不爭名利」的原則，個人才能免於迫害，國家才能免於禍亂、爭戰，才能獲得最後的勝利。

三、和光同塵

老子說：

和其光，同其塵。（第五十六章）

河上公註：

和其光者，聖人雖有獨知之明，常如闇昧，不以曜人也。同其塵者，常與眾庶同塵垢，不當自別殊。

李息齋說：

和其光者，抑其在己。同其塵者，隨其在物也。㉔

釋德清說：

含光斂耀，順物忘懷。㉕

根據以上諸家的註釋，所謂「和其光」就是要光芒內斂，使它不刺眼。所謂「同其塵」就是要物我一體，不分貴賤的意思。

談到「光」，「日光」與「燈光」是我們每天常常要接觸的。以日光來說，一年四季以春天的陽光最爲舒適可愛。因爲夏日的光過於強烈，讓人覺得不舒服，而且容易傷害皮膚、刺傷眼睛；秋、冬的陽光過於暗弱，不夠明亮，不夠溫暖。只有春天的陽光既暖和又亮麗，正是范文正公在〈岳陽樓記〉所說的「春和景明，上下天光，一碧萬頃」，令人感到無限的和暢，所以人人喜愛它。再說燈光亦復如是，太亮與太暗都會傷害眼睛，讓人不舒服。道也有它的光，道利用它的自然之光去照耀萬物，使萬物都能反射出它們的本色，引發出它們的本心，使萬物都能各順其性，各盡其性，最後達到各得其所，各得其樂的境界。人類也有他的光。人類的光，就是智慧的光芒，當智慧之光顯現在外的時候，必須要適度。否則，太過強烈，便是炫耀；炫耀的行爲是老子所反對的，因爲他認爲：「自見者不明，自是者不彰，自伐者無功，自矜者不長」（第二十四章），這些行爲都是「餘食贅行」，有道者所不處。太過庸弱，便是無能。唯有適度的表現，才能讓人感到舒適不刺眼，喜歡與你接近。

談到「塵」，這裡的塵是指「塵俗」、「塵世」。朱光潛先生說：「人人都想抬高自己的身份，後覺得社會卑鄙，不屑為伍，所以要跳出來站在一邊，表示自己不與人同。」㉖這種抬高自己，看輕別人的卑鄙意識，常常會自絕於人，造成自己的孤立。所以人應該效法道，道雖然生長萬物，卻沒有把自己獨立於萬物之上，去支配萬物，控制萬物。所以老子說：「大道氾兮，其可左右。萬物恃之以生而不辭，功成而不有。衣養萬物而不為主，可名於小；萬物歸焉而不為主，可名為大。以其終不自大，故能成其大。」（第三十四章）道把自己融化在萬物之中，和萬物合而為一，因為它始終不敢自大，反而能成就它的偉大。因此，人唯有效法道，人我一體，不分貴賤，和諧相處。

由上可知，在待人方面，如果能適度的表現才能，不過份炫耀自己。與人相處，能人我一體，不分貴賤，自然能得到別人的善意回應，人與人相處和諧，社會、國家必定安定。

第三節　處事方面

老子論人生，在處事方面，他認為應由防微杜漸，反面行事等兩方面進行。茲分述如後：

一、防微杜漸

老子說：

圖難於易，爲大於細；天下難事必作於易，天下大事必作於細。是以聖人終不爲大，故能成其大。夫輕諾必寡信，多易必多難，是以聖人猶難之，故終無難矣。（第六十三章）

河上公註：

欲圖難事，當於易時，未及成也。欲爲大事必作於小，禍福從小來也。㉗

其安易持，其未兆易謀，其脆易泮，其微易散。爲之於未有，治之於未亂。合抱之木，生於毫末；九層之台，起於累土；千里之行，起於足下。民之從事，常於幾成而敗之，愼終如始，則無敗事。……（第六十四章）

呂吉甫說：

其安易持，危而持之則難矣。其未兆易謀，已動而謀之則難矣。其脆易破，則不可使至於堅。其微易散，則不可使至於著。物皆然，心爲甚。通諸其心，則於天下國家無難矣。安也、未兆也，則是爲之於未有也。脆也、微也，則是治之於未亂也。㉘

大生於小，高基於低，遠始於近，這是事物發展的自然過程，處理事物的方法，必須依此過程，循序漸進，才能事半功倍。因此，「登高必自卑，行遠必自邇」㉙。同理，做任何事情，必須由小而大，由容易到困難，一切從微小、容易的地方著手，絕不好高騖遠，才能成就大事。可是一般人卻反其道而行，捨近求遠，捨易謀難，不能按部就班，結果反而一事無成。難怪孟子要感嘆：「道在邇而求諸遠，事在易而求諸難。」㉚

老子認為處世的原則，除了由小而大，由易而難外，還要防患未然。所以他說：「為之於未有，治之於未亂。」也就是說，在事物未成形以前來處理它，比較容易。因為事物在安定的時候，比較容易把握；還沒有徵兆出現的時候，比較容易應付；脆弱的時候，比較容易化解；細微的時候，比較容易解散。因此司馬相如說：「明者遠見於未萌，智者避危於無形。」㉛一個有智慧的聰明人，在事物還沒有萌生以前就能看清楚，在危險尚未成形的時候，便能避開，所以才能遠離災難，永保平安。

防患未然是「慎始」的表現，但是「有善始者實繁，能克終者蓋寡。」㉜能善始且善終的人實在太少了。所以老子要我們「慎終如始」，越到事情的終了，越要像開始一樣的謹慎。唯有有始有終，兢兢業業，方可有所成。

除此之外，老子又認為，處事要不見痕跡，還要沒有瑕疵。所以他說：「善行無轍跡，善言無瑕謫。」（第二十七章）善言善行的人，能順物自然，毫無私心，潛移默化，使人「不知有之」（第十七章），因此無跡可尋，也無瑕可謫。

總而言之，老子認爲處事的原則，應由防微杜漸的愼始著手，還要愼終如始，進而達到無轍跡、無瑕謫的完美境界。

二、反面行事

老子說：

反者，道之動。（第四十章）

王弼註：

高以下爲基，貴以賤爲本，有以無爲用，此其反也，動皆知其所無，則物通矣。故曰反者道之動。㉜

老子認爲道的運動原則是「反」，而「反」包含反復循環、物極必反、相反相成及相反相剋等四種意義。

老子又認爲一切事物的觀念，都在對待關係中形成，在對待關係中彰顯。這對待的兩種觀念彼此還有依存的關係。㉝譬如就道的本體上說，本來是光明的道，由於它的光明內斂，所以從外表上看來，卻好像昏暗的樣子；本來是積進的道，由於它的以退爲進，所以表面看來卻像退縮的樣子；本來是平坦容易的道，由於它的千變萬化，所以表面看來，卻好像迂曲難行的樣子。同理，以人來說，本來是崇高偉大的上德之人，由於他的虛懷謙卑，所以表面看來卻好像卑賤的樣子；本來有純眞潔白之德的人，由於他常以污垢混濁警惕自己，所以表面看來卻好像黯黑的樣子；本來是德行深廣的人，由於他常以缺德者自居，所以表面看來好像爲德不足的樣子。所以老子說：

明德若昧，進德若退，夷德若纇，上德若谷，大白若辱，廣德若不足，建德若偷，質德若渝。（第四十一章）

由上可知，我們對於事物的正反兩面都要徹底觀察研究，必須從正面去透視負面，進而把握負面的意義，才能顯現正面的內涵，獲得正面的效果。也就是說，想要達到某種目的，常常必須採取相反的手段。例如：想成全自己，必須先受點委曲；想伸直必先彎曲；低窪才可盈滿；破舊才有革新。所以老子說：

曲則全，枉則直，窪則盈，敝則新。（第二十二章）

又如：將要合起來的，必定本來已經張開過；將要衰弱的，必定本來已經強大過；將要廢棄的，必定本來已經興盛過；將要拿取的，必定本來已經給與過。因此，要合必先叫它張，要弱必先叫它強，要廢必先叫它興，要取必先要與。所以老子說：

> 將欲歙之，必固張之；將欲弱之，必固強之；將欲廢之，必固興之；將欲取之，必固與之。（第三十六章）

這些道理就是老子「反」的邏輯，他是效法道的反的運動原則來的。所以老子認為處理事物的原則，必須從事物的反面去進行，才能得到正面的效果，因為物極必反、相反相成是自然的法則。唯有順自然法則，才能達到「無為而無不為」（第四十八章）的完美境界。

【附註】

①胡哲敷：《老莊哲學》第七十一頁，台灣中華書局，民國五十九年版。

②張起鈞：〈老子的中心思想〉《中國哲學思想論集‧先秦篇》第二四四頁，水牛出版社，民國八十年版。

③焦竑：《老子翼》第二卷第三十五頁，廣文書局，民國五十一年版。

④《孟子‧告子篇》。

⑤《莊子‧天下篇》。

⑥《孟子‧盡心篇》。

⑦《論語、衛靈公篇》。
⑧同註③，卷二第二十二頁。
⑨段玉裁：《說文解字註》第六六九頁及第二四六頁，藝文印書館，民國四十四年版。
⑩王弼：《老子道德眞經註》第二十三頁，華正書局，民國七十年版。
⑪韋政通：《中國思想史》上冊第一六六頁，大林出版社，民國七十一年版。
⑫河上公：《老子道德經》第一一一頁，華正書局，民國六十七年版。
⑬范應元：《老子道德經古本集註》第一冊第三十頁，藝文印書館。
⑭同註⑫，第二十八頁。
⑮同註⑫，第三一一頁。
⑯黃公偉：《道家哲學系統探微》第一六九頁，新文豐出版社，民國七十年版。
⑰同註③，卷六第三十九頁。
⑱陳鼓應：《老莊新論》第一〇〇頁，五南圖書公司，民國八十二年版。
⑲黃釗：《道家思想史綱》第七十三頁，湖南師範大學出版社，一九九一年版。
⑳同註⑫，第二十三頁。
㉑釋德清：《老子道德經解》第一冊第五頁，藝文印書館。

㉒ 馮友蘭：《中國哲學史新編》第二冊第五十五頁，藍燈文化公司，民國八十年版。
㉓ 同註⑫，第三七五、三七六頁。
㉔ 同註③，卷五第十七頁。
㉕ 同註㉑，第二冊第二十四頁。
㉖ 朱光潛：《談修養》第六十九頁，前衛出版社，民國七十二年版。
㉗ 同註⑫，第四二四頁。
㉘ 同註③，卷五第三十九頁。
㉙ 中庸。
㉚ 《孟子．離婁》。
㉛ 司馬相如：〈諫獵書〉。
㉜ 同註⑩，第一〇九頁。
㉝ 任繼愈：《中國哲學史》第一冊第五十一頁，中國人民出版社，一九九〇年版。

第六章　老子論政治

中國古代學者的最高理想都在「兼善天下」①，「獨善其身」②是不得志的時候，不得已的措施。爲了要兼善天下，他的政治理想就成爲他的學術表現的目標。所以他的學術理想和他的政治理想常是一致的。

每一種政治理想的產生，都有它的背景。它的背景就是社會狀況和政治家個人的理想。老子政治理想的產生也不例外。

陳啓天先生說：「老子的人生哲學與政治哲學，在理論上都是由他的宇宙哲學推演而出。也可以說，老子的人生哲學與政治哲學，不過是他的宇宙哲學的一種應用。」③

根據陳啓天先生的意見，可以說老子的宇宙哲學和人生哲學、政治哲學是有密切關係的。這一個關係，可以從第二十五章看出。老子說：

人法地，地法天，天法道，道法自然。

從這一段話可以了解，老子認爲人應該效法天地、應該效法道。道既然要以自然爲法則，那麼人也要以自然爲一切行爲的原則。唯有在自然的原則下，人人才能享受到自然之美，無爲之樂。要享受無爲之樂，必須去除人爲的束縛，所以老子反對尚賢，反對禮法；他要治國者修身，尊重民意，把持三寶。能徹底實行以上幾點，自然能達到無爲而無不爲的目標。在這種國度裡，自然可以做到「無棄人，無棄物」（第二十七章）的地步，如此才能實現萬物各得其所，各得其樂的理想。

第一節　自然無爲

「自然無爲」是老子政治哲學中重要的主張之一。老子說：

人法地，地法天，天法道，道法自然。（二十五章）

道常無爲而無不爲。（三十七章）

王弼註：

法，法則也。人不違地，乃得安全，法地也。地不違天，乃得全載，法天也。天不違道，乃得全覆，法道也。道不違自然，乃得全性，法自然也。法自然者，於自然無所違也。④

道常無為，順自然也。⑤

根據王弼的解說，所謂「法自然」就是要順從自然法則而不違背。所謂「無為」就是順自然的意思。總而言之，自然無為就是順從自然法則而無所違背。

陳啟天先生以為：「老子的人生哲學與政治哲學，在理論上都是由他的宇宙哲學推演而出。」⑥老子的宇宙哲學是以道為中心，道是以自然無為做為它的運行法則。而人既然須要法地、法天、法道，當然也要以自然無為做為他的行為準則。所以老子的政治哲學，就是要為政者遵循自然無為的原則來治理國家，教化人民。像大禹治水一樣，行所無事，不要干涉騷擾他們。要順著每個人的本性來教化他們，讓每個人不但能順性發展，而且能盡性發揮，最後各得其所，達到人盡其材的「無棄人」（第二十七章）的地步。

老子說：「物或行或隨，或歔或吹，或強或羸，或載或隳。」（第二十九章）老子認為人人都有特殊的個性，有的人喜歡前行領導，有的人喜歡在後跟隨；有人喜歡溫暖，有人喜歡寒涼；有人性情剛強，有人性情羸弱；有人愛安定，有人愛冒險：每個人的稟性都不一樣，正如孟子所說的「物之不齊，物之情也」⑦。如果為政者勉強地要用自己的方法干涉他們、限制他們。不能尊重每個人的性向，讓他們自由地發展；卻要把剛強者化為柔弱，高明者化為沈潛，無異揠苗助長，非徒無益，而且將要戕害其本性。戕害本性的政治是老子所極力反對的。老子認爲任何政治理想，都是爲追求人類的自由。所謂自由，就是要每個人都能各順其性，各遂其生，各遂其長，而不受政府的無理限制與壓迫，這就是老子所提倡的保全本性的政治。任何限制、壓迫個性發展的措施，老子稱之爲「已甚」的行爲，「奢、泰」的欲望。因此，老子認爲，爲政者必須要「去甚、去奢、去泰」（第二十九章），才能使行者自行，隨者自隨，達到各得其所的理想境界。所以老子說：「無爲而無不爲。取天下常以無事，及其有事，不足以取天下」（第四十八章），就是這個原因。

老子以爲政治的正途，不但要使天下之人都能發展其個性，而且還要做到不互相妨害。也就是《中庸》所說的「萬物並育而不相害，道並行而不相悖」的意思。老子自然無爲的政治，就是一方面要每個人盡量發展他的個性，一方面又要使人與人之間，不要因發展個性而互相妨害，互相衝突，因而影響國家的安寧與發展。所以胡哲敷先生說：「自然政治，是人人明白自然之道，服從自然之理，而安居樂俗於自然化育之中而不自知其所以然。」⑧這也就是老子所說的「道常無爲而無不爲，侯王若能守之，萬物將自化。化而欲作，吾將鎭之以無名之樸。無名之樸，夫亦將無欲。不欲以靜，天下將自定」（第三十七章）的道理。

老子說：「我無爲而民自化，我好靜而民自正，我無事而民自富，我無欲而民自樸。」

（第五十七章）在位者無欲，才能好靜、無事；能好靜、無事，才能無爲而治；能無爲而治，百姓才能自樸、自富、自正、自化；百姓能自樸、自富、自正、自化，這就是老子「太上，不知有之」（第十七章）的理想政治。在這樣的國家中，才能享受到「鳴琴垂拱，不言而化」⑨，君臣無事，上下逍遙的太平境界。

第二節　修齊治平

中國古代學術思想中的人生哲學與政治哲學，常有密切的關係。因爲談到人生哲學，不能不講究修己的工夫；談到政治哲學，不得不重視治人的方法。修己的目的，在獨善其身；治人的理想，在於兼善天下。欲治人必先修己，所以修己是治人的基礎。

儒家政治哲學中所談的修己治人的道理，就在大學首章。《大學》說：「格物、致知、誠意、正心、修身、齊家、治國、平天下。」格物、致知、誠意、正心、修身是修己的工夫；齊家、治國、平天下是治人的層次。欲修身必先正心，欲正心必先誠意，欲誠意必先致知，欲致知必先格物。身既修然後才能以身作則，讓一家人都向你看齊。每一家人的言行都能整齊規矩，國家才可以治理好。每一個國家都治理好了，天下便可太平。

「修、齊、治、平」的道理不只儒家重視，道家老子也一樣重視它。因為「修己治人」、「內聖外王」，同樣是儒、道兩家人生哲學的極境，也是政治哲學的理想。老子說：

善建者不拔，善抱者不脫，子孫以祭祀不輟。修之於身，其德乃眞；修之於家，其德乃餘；修之於鄉，其德乃長；修之於邦，其德乃豐；修之於天下，其德乃普。故以身觀身，以家觀家，以鄉觀鄉，以邦觀邦，以天下觀天下。吾何以知其然哉？以此。（第五十四章）

河上公註：

建，立也。善以道立身立國者，不可得引而拔也。⑩

根據河上公的解說，老子所謂「善建者」、「善抱者」的所建、所抱都是指「道」。下面的「修之於身」、「修之於家」、「修之於鄉」、「修之於邦」、「修之於天下」的「之」字，也都是指「道」。而這裡所說的道就是「無為之道」。因為自然無為是老子的思想中心—道的主要內容，也是道的具體表現。老子的政治理想和儒家一樣，分修身、齊家、治國、平天下四個層次。其修養工夫，都以無為之道為主要內容。把無為之道，由自身修起，進而擴充到家、到鄉、到邦、到天下。人能弘道，非道能弘人。道須要依靠人的努力實踐才能落實，才不致於變成空洞的條文，所以老子說：「修之於身，其德乃眞」。任何一種善道都必須讓它傳諸久遠。所謂久是指時間的長久；所謂遠是指空間的遼遠。本章中所說的「長」，就是指時間的長久。所說的「普」是指空間的遼遠。至於「餘」和「豐」是指體積的充實。老子認為道的修為要從本身開始，然後漸次擴大到家、到鄉、到邦、到天下。從面積上說，要普及到整個天下；由體積上說，要讓每一個人都修養得非常「充裕」、「豐厚」。整個天下的人都能修道，而且都能修養得非常充裕、豐厚，然後這個道才能傳諸久遠。

老子也頗懂「觀摩」的道理。他要大家「以身觀身、以家觀家、以鄉觀鄉、以邦觀邦、以天下觀天下」。河上公註說：「以修道之身，觀不修道之身，孰亡孰存？以修道之家，觀不修道之家；以修道之鄉，觀不修道之鄉；以修道之邦，觀不修道之邦；以修道之主，觀不修道之主。」

據河上公的解說，老子要大家善用觀摩比較的方法，知己知彼，擇其善者而從之，其不善者而改之。然後這無為之道才能長久，才能普及。能長久、能普及、才能不拔不脫。所以老子說：「善建者不拔，善抱者不脫」，就是這個意思。

第三節　反對禮法

老子說：

失道而後德，失德而後仁，失仁而後義，失義而後禮。（第三十八章）

這段話說明了中國古代道德論演變的情況。由道而德而仁而義而禮，道德的演變，每下愈況。到了老子的時代，已經是道德淪喪，不仁不義的混亂社會，所以不得不動用禮法來約束人民的言行。

胡哲敷先生說：「禮法是治之具，而非治之道。」⑪所謂「治之具」是指維持社會秩序的工具。所謂「治之道」是政治上的原理、原則。一時代有一時代的禮法，一地方有一地方的禮法。它是出乎人性的習慣，因時制宜的工具，時過境遷，也許就不合時宜，不必太拘泥。所以治之具是暫時性的，利用完了便要棄置，像祭祀時用的芻狗一樣。而「治之道」是永久性的，也是治國的原理，是爲政者所應把握的原則，是須臾不可離的。老子的治國之道就是自然無爲。自然無爲的政治是講究絕對的自由，讓每一個人都有順著本性自由發展的權利，政府絕不加以干涉與壓迫。但是老子所處的時代，周朝的文化已經開始衰敝，禮法成爲徒具形式的虛文，成爲束縛人民的桎梏，拘鎖言行的繁文縟節，人人不能自適其性；甚且，有些野心家假借它來竊取名利，使禮法成爲爭權奪利，欺世盜名的工具。難怪老子要感嘆地說：「夫禮者，忠信之薄而亂之首也。」（第三十八章）「法令滋彰，盜賊多有」（第五十七章）。

某種制度法令的推行，正由於它特別缺欠的緣故。魚在水中，不覺得水的存在，因爲牠還沒有感受過缺水之苦。大道盛行之世，仁義行於其中，人人講禮守法，自然沒有倡導禮法的必要。但是雖不聞倡導禮法仁義之名，人人卻能得到仁義之實，享受講禮守法之樂。等到需要提倡的時候，就表示仁義禮法已不被重視，甚至已經沈淪殆盡了。所以老子認爲，當社會上在提倡禮的時候，正表示忠信的觀念已經淡薄，而且將是國家衰亂的開始。法令規定得愈繁複詳細，正表示盜賊猖獗的時候。等到人民棄禮義、捐廉恥，違法亂紀之後，不但禮無法約束他們，就是嚴刑峻法也要失去它的作用。所以老子說：「民不畏死，奈何以死懼之？若使民常畏死，而爲奇者吾得執而殺之，孰敢？常有司殺者殺。夫代司殺者殺，是謂代大匠斲；夫代大匠斲者，希有不傷其手矣！」（第七十四章）

這裡所謂的「畏死」，並不是怕死的意思，而是愛惜自己的生命，不浪費自己的生命，不做無謂的犧牲，不輕易去死的意思。爲政者如果想要用嚴刑峻法來維持社會秩序，只是消極治標的辦法，而且效果一定不好，甚至於還有失效的時候。治本的方法就是要無爲而治，讓人人都能存養本性的自然之美，享受到無爲之樂。「安則樂生，痛則思死」⑫乃人之常情。生活於安樂中的人，自然會愛惜自己的生命，不敢作奸犯科，輕易去死。那麼這樣的國家自然就安定了。

梁啓超先生說：「道家以爲必在絕對放任之下，社會乃能復歸於自然，故其對於政治，極力排斥干涉主義。」⑬杜牧善先生說：「老子所言政治社會，其統治者愈有術，人民愈受罪，詐僞滋多，天下永難公平和諧。故尙天治、道化，而人人樂其本然之性，不受外力干擾。重開放，反閉塞。」⑭胡哲敷先生說：「老子根本就未承認國家的法令，治國者不可好煩其令，致使人民無所適從。蓋百姓有善、有不善，有信、有不信。治國者皆善之、信之，使同歸於善、同歸於信。就是要以德感化，而不重刑戮，才能達到勝物而不傷的效果。」⑮

由上可知，禮法治國，只是施政的工具，是末道小技；以道化民，才是治國原則，才是根本大道。老子之所以反對禮法，是希望爲政者不要捨本逐末，本固邦國自然安寧。

第四節　不尙賢智

中國古代思想家論政，大部份都主張賢人政治，以選用賢智人才爲治國者最重要的事務。其中以儒、墨兩家尤其特別重視。孔子說：「大道之行也，天下爲公，選賢與能，講信修睦。」⑯又說：「文武之政，布在方策。其人存，則其政舉；其人亡，則其政息。」⑰孟子說：「今惡辱而居不仁，是猶惡濕而居下也。如惡之，莫如貴德而尊士，賢者在位，能者在職，及是時，明其政刑，雖大國必畏之矣！」⑱從以上幾段話可以看出，孔子、孟子都認為，想要「政舉」、「國強」都必須選用賢智者為政。墨子也同樣重視賢才。他說：「國有賢良之士衆，則國家之治厚；賢良之士寡，則國家之治薄。故大人之務，將在於衆賢而已。」⑲由這段話也可以看出，墨子的尚賢並不亞於孔、孟。他們都一致認為尚賢智為治國者的要務。

可是老子卻持相反的意見。他說：「不尚賢，使民不爭」（第三章），「智慧出，有大僞」（第十八章），「以智治國，國之賊」（第六十五章）。老子認為治國者尚賢，將使人民因賢名而爭奪不休；唯有不尚賢，人民自然無名可爭。智慧是爭之器⑳，人人為爭名、爭利必定用盡智慧，為達目的，不擇手段，結果必定詐僞百出，天下大亂。所以老子說：「智慧出，有大僞」，「以智治國，國之賊」。

老子的不尚賢智，除了以上的理由之外，還有幾個原因。他認為人類原始的自然狀態，本是無知、無私、無欲的。後來所以有知、有私、有欲，是由於自然界的物質刺激，以及人事界的種種誘惑與干涉。有私、有欲之後，便運用其智，來滿足他的私心、私欲。其結果必定詐僞百出，國家昏亂。因此，想使國家安定，必須恢復人類無知、無私、無欲的自然狀態。要恢復自然狀態，就必須「絕聖去智」。

老子又認為，萬物是齊等的，無所謂高、低等之分；人類也是齊等的，無所謂賢愚之別。因爲從源頭上看，萬物皆由同樣的原質構成，其中雖有生、老、病、死與聚散分合的變化，由原質變爲萬物，再由萬物回歸原質，其原質總是不變的。又從效能上看，雖外形上有大小高低之別，美惡長短之差，但各有所能，各效其用，如四肢五官各司其職，缺一不可。既然各有其重要性，如何來分貴賤、別賢愚呢？而且世人所謂的賢，只不過是某個時間、某種環境下適用，換一個時、空，則賢者成爲不賢，不賢者反而爲賢了。人能得其所就可以成爲賢者，不得其所便無法發揮所長，自然要成爲不賢者。諸葛亮的爲政原則要做到「優劣得所」（前出師表），原因在此。

所以只要爲政者能無爲而治，尊重人民的本性而不加干涉，使人人都能各適其性，各得其所，不要妄分賢愚，自然不會造成無謂的紛爭，也不必運用智慧互相對付，社會自然安定，人民自然和樂，這才是國家之福。所以老子說：「不尚賢，使民不爭」，「不以智治國，國之福」（第六十五章）。

第五節　尊重民意

中國的政治思想，除法家以外，可以說都是「民本主義」，換句話說，就是以人民爲政治的主體。㉑大學說：「惡人之所好，好人之所惡，此謂拂人之性，如此者災必逮乎身。」《中庸》：「民之所好好之，民之所惡惡之。」孟子說：「所欲與之聚之，所惡勿施爾也。」㉒由以上數段話可以看出，這些思想家的理想都是希望為政者能夠尊重民意，與民同好惡。

可是中國幾千年來的政治卻存在著一個基本的矛盾問題。這個矛盾的問題就是理想的政治是民本主義，但是實際的政治卻是專制政治。政治權力的根源，是來自國君而非人民，事實上國君才是真正政治的主體。所以想化解這種矛盾，只有消除國君在政治上的主體性，才能保障人民在政治上的主體性。

老子「無為而治」的政治主張，就是消除國君在政治上的主體性，保障人民在政治上主體性的最好方法。老子的無為而治，不但要保全人民的本性，還要尊重人民的意見，時時關注人民的需求。這一點就是老子和一般道家人物不同的地方。因為「一般道家人物，總偏於離世，或凸顯個人主義的色彩，即使莊子也不免。在道家中，只有老子時時談到百姓、人民，充分表現出他的入世的運用。」㉓

老子尊重民意的思想，從《老子》第四十九章可以看出，他說：

> 聖人無常心，以百姓心為心。善者，吾善之；不善者，吾亦善之，德善。信者，吾信之；不信者，吾亦信之，德信。聖人在天下，歙歙焉為天下渾其心。百姓皆注其

耳目，聖人皆孩之。

余培林先生說：「常心即《莊子．齊物論》所謂的成心。無常心即無私、無我。」㉔所謂「聖人無常心，以百姓心爲心」，也就是老子無爲思想的具體表現。「聖人無常心」就是國君否定自己，化解自己在政治上的主體性，把自己客觀化。「以百姓心爲心」就是要國君以全民的才智爲才智，以全民的好惡爲好惡。如此才能解決政治上的現實與理想的矛盾。所以，「無常心」的眞正精神和方法，乃在「以百姓心爲心」。㉕

老子的尊重民意思想，除了以百姓心爲心外，他還要使每一個人德善、德信。老子認爲人有善、有不善，有信、有不信。善者、信者固然要善之、信之；但是不善者、不信者也要善之、信之，最後使每一個人都能德善、德信。老子不但要使每一個人德善、德信，還要讓那些專注耳目享受的人，都能收斂他們的情欲，渾樸他們的內心，都回歸到像嬰兒那樣的天眞，達到「無棄人」、「無棄物」（第二十七章）的人道主義精神。這樣的國君自然可以做到「處上而民不重，處前而民不害，是以天下樂推而不厭」（第六十六章）的地步。

孟子說：「樂民之樂者，民亦樂其樂；憂民之憂者，民亦憂其憂。樂以天下，憂以天下。」㉖當國君的人能以天下之憂爲憂，以天下之樂爲樂；人民自然也會憂其憂，樂其樂。在這種國度裡，自然君民和諧，上下逍遙。

第六節　保持三寶

孟子曾說：「諸侯之寶三：土地、人民、政事。」㉗老子也談三寶，而且認為治國者應該好好地保持它。他說：

我有三寶，持而保之。一曰慈，二曰儉，三曰不敢為天下先。慈故能勇；儉故能廣；不敢為天下先，故能成器長。今舍慈且勇，舍儉且廣，舍後且先，死矣！夫慈，以戰則勝，以守則固。天將救之，以慈衛之。（第六十七章）

呂吉甫說：

夫慈為柔弱矣，而能勝剛強，是能勇也。儉為不費矣，而用之不可既，是能廣也。不敢為天下先，為後人矣，而聖人用之以為官長者，皆從我者也，是能成器長也。㉘

「慈」是天地保育萬物之道，也是父母教養子女之德。慈在《老子》書中總共出現三次。第十八章：「六親不和，有孝慈」，第十九章：「絕仁棄義，民復孝慈」。這兩章的慈是屬於父母對子女的愛，第六十七章的慈是對人民、對萬物的愛。老子所說的慈，不是婦人之仁的小仁，它是莊子所說的「大仁不仁」㉙的大仁，也就是《老子》第五章所說的「天地不仁，以萬物為芻狗；聖人不仁，以百姓為芻狗」的「不仁」。有這種大仁大慈心腸的人，必定能仁民愛物，能仁民愛物的人，一定不忍看到民、物受傷害，只要有人傷害民、物，他定會表現「雖千萬人吾往」的精神，像文王和武王一樣「一怒而安天下之民」。這就是老子所說的「慈故能勇」的道理。相反的，心中不懷慈愛，卻處處想要表現勇氣，這種無愛的勇氣，就是血氣之勇的「小勇」。血氣之勇的小勇就是逞強，老子稱之為「勇於敢」、稱之為「堅強者」、稱之為「強梁者」。這種人最後必自取滅亡。所以老子說：「勇於敢則殺」（第七十三章），「堅強者死之徒」（第七十六章），「強梁者不得其死」（第七十六章），也就是本章所說的「舍慈且勇，死矣」的道理。（且，王弼註猶取也。）

「儉」是收斂、節制的意思，就是《老子・第五十九章》所說的「治人事天莫若嗇」的「嗇」，也就是論語中所說的「以約失之者鮮矣」㉚的「約」，「夫子溫良恭儉讓」㉛的「儉」。個性收斂的人是不喜歡誇大的，凡事有節制的人是不會浪費的。能節制精力，不浪費物力的人，他的精力必定旺盛，必定能廣積財貨。精力旺盛，廣積財貨的人，才不會有匱乏之虞。《韓非・解老篇》說：「智士儉用其財則家富，聖人寶愛其神則精盛，人君重戰其卒則民眾，民眾則國廣。」㉜想要家富、精盛、民眾、國廣，都需要靠儉的工夫。所以老子說：「儉故能廣」。而且，儉一身而廣天下，就是「有餘以奉天下」（第七十七章）的道理，也就是「愛以身為天下」的意思。能「愛以身為天下，若可託天下」（第十三章）。相反的，一味的奢侈、浪費，違背老子「去甚、去奢、去泰」（第二十九章）原則的人，卻想要獲取廣積精力、物力的成果，這是不可能的，只有自取敗亡，所以老子說：「舍儉且廣，死矣！」

「不敢爲天下先」是謙卑的表現，是「以言下之」、「以身後之」（第六十六章）的不爭的態度，也就是「大盈若沖」的「不自見、不自貴」（第七十二章）的美德。

老子說：「貴以賤爲本，高以下爲基。」（第三十九章）「低賤」與「卑下」是一般人所厭惡的，但是老子卻不敢輕視它，因爲它是高貴的基本，正如「登高必自卑，行遠必自邇」㉝的道理一樣。老子又說：

江海之所以能爲百谷王者，以其善下之，故能爲百谷王。是以聖人欲上民，必以言下之；欲先民，必以身後之。是以聖人處上而民不重，處前而民不害，是以天下樂推而不厭。以其不爭，故天下莫能與之爭。（第六十六章）

老子深深體會到，江海因其居卑處下，所以能藏污納垢，兼容並蓄。能兼容並蓄，才能成就它的深廣；雖藏污納垢，卻不失它的清淳。當國君的人也應該效法江海這種謙卑的精神。雖然居於百姓之上，千萬不可言語高傲，氣勢凌人，才不會對人民構成很重的壓力；雖然處於人民之前，不要見利爭先，才不致對人民造成很大的損害。對人民不構成大損害，讓人民沒有重壓感，人民自然樂意擁戴他，不會厭惡他了。所以老子說：「不敢爲天下先，故能成器長。」黃公偉稱讚老子說：「老子屈己下人的治國論，可謂最高明的爭取民心之術，是反官僚主義的態度。」㉞相反的，為政者如果捨棄「以言下之」、「以身後之」的謙讓美德，要為天下先去爭名、爭利，最後必定要走入「甚愛必大費，多藏必厚亡」（第四十四章）的毀滅之途。所以老子說：「舍後且先，死矣！」

老子的三寶以慈最為重要，因為慈是儉和不敢為天下先的基本。慈於物者必能儉，慈於人者自然不與人爭，不敢為天下先。慈於物、慈於人者，必定能節用愛民。能節用愛民的國君，人民一定效死而弗去。有效死而弗去的百姓，自然「戰則勝，守則固」；就是天也會因他的仁慈而救助他、保衛他。所以老子說：「夫慈，以戰則勝，以守則固。天將救之，以慈衛之」。

第七節　小國寡民

老子把國家的等級分為四等，他說：「太上，不知有之；其次，親而譽之；其次，畏之；其次，侮之。」（第十七章）第一等的「不知有之」，相當於儒家「日出而作，日入而息，鑿井而飲，耕田而食，帝力於我，何有哉？」㉟的境界。在這種國度裡，「鳴琴垂拱，不言而化」㊱，雖有國君，卻不干涉百姓，所以百姓不覺他的存在。第二等的「親而譽之」，相當於儒家「道之以德，齊之以禮」㊲的境界。在這種國度裡，國君用道來引導百姓，用禮來教化人民，百姓深受教化的德惠，所以要親愛他，讚譽他。第三等的「畏之」，相當於儒家「道之以政，齊之以刑」㊳的境界。在這種國度裡，國君既無德也無禮，只好用苛政嚴刑來控制百姓，所以百姓怕他。但是畏之正是「侮之」的預兆，因為這種政府，一旦失去控制的力量，百姓便會起來反抗他。第四等的「侮之」，相當於儒家的「上無道揆，下無法守，朝不信道，工不信度，君子犯義，小人犯刑」㊴的境界。在這種國度裡，國君不能以道來衡量事理，臣民不守法度，所以百姓不但不怕他，還要侮辱他。

在這四種國家中，老子最稱讚的就是「太上不知有之」的境界。要達到這種境界，老子認為必須要。「小國寡民」，因為「國小易於同風，民寡則不起機心」㊵，所以「小國寡民」便是老子的理想國。他在第八十章給這個理想國做了一個簡要的描寫。他說：

> 小國，寡民，使有什伯之器而不用，使民重死而不遠徙。雖有舟輿，無所乘之；雖有甲兵，無所陳之。使民復結繩而用之。甘其食，美其服，安其居，樂其俗。鄰國相望，雞犬之聲相聞，民至老死不相往來。

在這個理想國裡，國小民寡。國家小，人民少，風俗習慣容易相同，意見容易溝通。國君無爲而治，百姓都能各順其性，各盡其能，各得其所，各享其樂。絕對不會有「荊棘生焉，戎馬生於郊」（第四十六章）的慘絕人寰的戰爭發生，所以雖有甲兵，卻可以備而不用。人民自給自足，生活安樂，絕對不會有「仰不足以事父母，俯不足以蓄妻子」的經濟恐慌，不必逃而之四方，所以雖有舟輿，無所乘之。人民思想純樸，無知無欲，無盜無爭，好像上古「結繩而用之」時代的清靜祥和，公平均富，自然無爲的社會。在這種社會中，嘴裡吃的是甘味的食物，身上穿的是美觀的衣服，居住在安適的房屋裡，陶醉於喜樂的習俗中。雖然鄰國相望，雞犬之聲相聞，但是各得其樂，互不侵犯，所以民至老死，不必向外貪求，也無須和外界交往。這種「自化、自正、自富、自樸」（第五十七章）的安和樂利的生活情景，正是陶淵明桃花源理想境地的藍本。這就是老子「利用自然之美，享受無爲之樂」的理想國家。

陶希聖先生說：「理想的社會，必爲現實社會的否定。」㊶黃公偉先生說：「老子小國寡民的理想，認爲個別獨立的生存形式，無須發展「人際關係」、「國際關係」，此非孤立主義，而是在減少群道罪惡，對於人禍多於天禍的東周人道政治而言，是一種反省、覺醒，也是一種抗拒。和希臘的柏拉圖的烏托邦式的理想國度，不盡相同。」㊷所以，老子小國寡民的理想，並不是孤立主義，而是在減少群道罪惡。

老子是「反社會者而不是反文明者」，他所反對的是現實社會的弊端。因爲東周末年，政治腐敗，社會混亂，天災人禍，民不聊生，所以老子對於當時的習俗及社會制度，採取反對的態度。當時的國君個個好戰，以殺人爲樂；老子卻說「佳兵者，不祥之器」（第三十一章），又說「以道佐人主者，不以兵強天下」（第三十章）。當時的國君主張天下定於一；老子卻主張「小國寡民」。當時的國君喜用嚴刑峻法；老子卻說「民不畏死，奈何以死懼之」（第七十四章）。當時的國君貪財好貨，老子卻說「聖人欲不欲，不貴難得之貨」（第六十四章）。當時的國君主張重稅厚生；老子卻說「民之飢，以其上食稅之多；民之輕死，以其上求生之厚」（第七十五章）。當時的國君想用禮來維持社會秩序；老子卻說「禮者，忠信之薄而亂之首也」（第三十八章）。老子的目的，是想利用反社會的力量，來揭發當時政治制度的弊端。這種言論看似反動，實際上是「正言若反」（第七十八章）。老子以爲唯有如此，才能使僵化的制度恢復彈性，腐化的文化再生活力。

老子的「復結繩而用之」，並不是開倒車，眞的想要回到「結繩而治」的原始的太古時代。只是希望爲他的理想政治，尋找一個類似的樣版，給人一個比較具體的影像，結果看來看去，只有上古「結繩而治」的時代，最能代表他所說的眞樸自然的狀態，所以用它來做比喻罷了。

老子所說的原始社會和「結繩而治」的原始社會並不完全相同，它是一個包含原始野蠻的現代文明境界。在這樣的國度裡，它「有舟輿」，是現代的文明；卻「無所乘之」，是原始野蠻的封閉狀態。它「有甲兵」，是現代的文明；卻「無所陳之」，是原始野蠻的不爭狀態。它有「甘食、美服、安居」，是現代文明的產物，而非原始野蠻時代所能擁有的。這就是馮友蘭先生所說的「大文明若野蠻」的境界。野蠻的文明，乃是最能持久的文明。所以馮友蘭先生說：「一個民族若只有文明而沒有野蠻，即爲其衰亡之徵兆。宋朝人之文質彬彬，弱不勝衣，此即有文明而無野蠻。因其太文明，所以必衰亡。」㊸老子的「復結繩而用之」是野蠻的文明，這種文明才能使國家歷久不衰。

活得安樂（安其居，樂其俗—第八十章）、活得長久（長生久視—第五十九章）是老子所追求的目標。而這個目標，只有在「小國寡民」的理想國裡才能實現。因爲只有在這種國度裡，才能讓每一個人「利用自然之美，享受無爲之樂」。

【附註】

① 《孟子・盡心篇》。
② 同註①。
③ 陳啓天：《中國政治哲學概論》第一五八頁，華國出版社，民國四十年版。

④ 王弼：《老子道德眞經註》第六十五頁。
⑤ 同註④，第九十一頁。
⑥ 同註③。
⑦ 《孟子・滕文公篇》。
⑧ 胡哲敷：《老莊哲學》第一四六頁。
⑨ 魏徵：〈諫太宗十思疏〉。
⑩ 河上公：《老子道德經》第三五八頁。
⑪ 同註⑧，第一五九頁。
⑫ 路溫舒：〈尙德緩刑疏〉。
⑬ 梁啓超：《先秦政治思想史》第一一八頁，東大圖書公司，民國七十六年版。
⑭ 杜牧善：《老莊思想與西方哲學》第一九四頁。
⑮ 同註⑧，第一五〇頁。
⑯ 《禮記・禮運篇》。
⑰ 《禮記・中庸》。
⑱ 《孟子・公子丑篇》。

⑲《墨子・尚賢上》。
⑳《莊子・齊物論》。
㉑徐復觀：《學術與政治之間》第一〇四頁，學生書局，民國六十九年版。
㉒《孟子・離婁篇》。
㉓吳怡：《老子解義》第三八三頁，三民書局，民國八十三年版。
㉔余培林：《老子讀本》第八十四頁，三民書局，民國七十一年版。
㉕同註㉓，第三八三頁。
㉖《孟子・梁惠王篇》。
㉗《孟子・盡心篇》。
㉘焦竑：《老子翼》卷六第七頁，廣文書局，五十一年版。
㉙《莊子・齊物論》。
㉚《論語・里仁篇》。
㉛《論語・學而篇》。
㉜陳奇猷：《韓非子集釋》上冊第三七七頁，華正書局，民國六十三年版。
㉝《中庸》。

㉞黃公偉：《道家哲學系統探微》第一八八頁，新文豐出版社，民國七十年版。
㉟沈德潛：《古詩源》卷一第一頁，華正書局，民國六十四年版。
㊱魏徵：〈諫太宗十思疏〉。
㊲《論語．爲政篇》。
㊳《論語．爲政篇》。
㊴《孟子．離婁篇》。
㊵同註⑧，第一六四頁。
㊶陶希聖：《中國政治思想史》第一冊第一一六頁，全民出版社，民國四十三年版。
㊷同註㉞，第一九四頁。
㊸馮友蘭：《中國哲學史》上冊第二三八頁，台灣商務印書館，一九九〇年版。

第七章　老子論用兵

戰爭是人類歷史少不了的大事。根據中國歷史記載，從秦始皇稱帝到民國初年的二千多年間，就發生過一六〇多次戰爭。①依據世界史的記載，三四二一年中，只有二六八年沒有戰爭。②戰事之頻繁由此可知。

根據現代社會科學家的研究，戰爭的發生，大約有下列幾個原因：

㈠經濟情況和人口密度的變遷，爲爆發戰爭的主因。

㈡掠奪財物，以改善生活的動機。

㈢希望得到光榮和建立功勞。

㈣喜愛刺激，藉以破除單調生活的衝動。

㈤陳腐的法定制度不能適合人民的社會和經濟需要，於是人民痛感不滿，寧冒戰爭之險，以求得到滿足。

㈥國與國之間，肥瘠不一，貧富懸殊。

㈦和平方式解決國際爭端的法規的效能日趨低微。③

戰爭發生的原因，大約有以上七種。至於戰爭對於人類的影響，有好與壞兩派的不同看法。認爲戰爭對於人類有好處的學者有赫瑞克累塔斯（Heracleitus）和黑格爾（Georg Wlhelm Friedrich Hegel）。赫氏說：「戰爭或者是競爭，乃是萬事之父，乃是觀念、發明與制度的源泉。」④黑格爾以爲：「戰爭中亦有道德的成分，是以掃除個人的自私，防止逸樂的民族趨於腐敗。」⑤認爲戰爭對於人類有壞處的學者有伏爾泰（Francios Marie Voltaire）、孟子及老子。伏爾泰說：「戰爭是集罪惡、愚蠢及不幸的大成。」⑥孟子說：「爭地以戰，殺人盈野；爭城以戰，殺人盈城：此所謂率土地而食人肉，罪不容於死。故善戰者，服上刑。」⑦老子也說：「夫佳兵者，不祥之器。」⑧又說：「師之所處，荊棘生焉；大軍之後，必有凶年。」⑨

老子雖然認爲戰爭對於人類有負面的影響而反戰，但是在不得已的情況下，他還是不會逃避戰爭的。因此，老子對於戰爭自有他的看法，對於用兵自有他的一套理論。所以，唐朝王眞說：「五千之言，未嘗有一不屬意於兵也。」⑲李澤厚先生說：「老子確有多處直接講兵，有些話好像是孫子兵法的直接延伸。……老子一書，是對當時紛紛擾擾的軍事、政治爭鬥，和在這些頻繁爭鬥中，大量氏族邦國滅亡傾覆的歷史經驗的思考和概括。」⑪

第一節　兵者不祥之器

老子所處是一個「人民彌貧，國家滋昏，奇物滋起，盜賊多有」（第五十七章）的時代。在上的國君只知道「服文彩，帶利劍，厭飲食，財貨有餘」（第五十三章），其結果造成「田甚蕪，倉甚虛」（第五十三章）的局面。田園荒蕪，倉廩空虛，人民不得溫飽，便鋌而走險，於是形成「民之難治，民之輕死」（第七十五章）的社會。再加上戰亂的頻仍，自然出現國家昏亂，民不聊生的慘況。

由於戰爭的頻仍，引起老子反戰的思想。老子的反戰思想，從下列兩章便可看出。老子說：

以道佐人主者，不以兵強天下，其事好還。師之所處，荊棘生焉；大軍之後，必有凶年。善有果而已，不敢以取強。果而勿矜，果而勿伐，果而勿驕，果而不得已，果而勿強。物壯則老，是謂不道，不道早已。（第三十章）

夫佳兵者不祥之器，物或惡之，故有道者不處。君子居則貴左，用兵則貴右。兵者不祥之器，非君子之器，不得已而用之，恬淡爲上。勝而不美，而美之者是樂殺人。夫樂殺人者，則不可得志於天下矣。吉事尚左，凶事尚右。偏將軍居左，上將軍居右，言以喪禮處之。殺人之眾，以悲哀泣之，戰勝以喪禮處之。（第三十一章）

根據以上兩章經文，可以歸納出老子的反戰，大約有幾個理由：

一、戰爭是不合天道。因爲「天之道，利而不害」（第八十一章），但是戰爭卻要做出利己害人，甚至於既不利己，卻又害人的事。

二、戰爭也不合聖人之道。因爲「聖人之道，爲而不爭」（第八十一章），可是戰爭卻要以戰相爭，爭得兩敗俱傷。

三、戰爭會造成嚴重的災害。因爲戰爭之後，會造成人員的傷亡、財物的損失以及田園的荒蕪。所以老子說：「師之所處，荊棘生焉；大軍之後，必有凶年」（第三十章），「天下無道，戎馬生於郊」（第四十六章）。遍地荊棘，凶災連年，連懷孕的母馬都要出來打仗，而且還在郊外生產。不但人受其害，畜牲也免不了，其淒慘情況，令人不忍睹。

四、戰爭會遭到報復。因爲殺人之父者，人亦殺其父；殺人之子者，人亦殺其子；殺人之眾者，人亦殺其眾。這是一種非常可怕的報復，所以老子說：「以道佐人主者，不以兵強天下，其事好還。」（第三十章）「還」有報復或報應的意思。

五、戰爭是用兵逞強，過份逞強，則容易衰敗。因爲「物壯則老，謂之不道，不道早已。」（第五十五章）所以想要長久維持國家的富強，必須少逞強，避免戰爭。

綜合以上幾個理由，老子認爲用兵打仗是不吉祥的事，有道之士是不採用這種手段的。所以他說：「夫佳兵者，不祥之器，物或惡之，故有道者不處。」（第三十一章）好戰雖然有亡國之虞，但是忘戰亦將造成國家的危機。所以老子認爲仗可以不打，但是兵備卻不能沒有，因此他說：「雖有什佰之器而不用……雖有甲兵，無所陳之。」（第八十章）王眞也說：「兵者戰而不用，存而不廢之物，唯當備守於內，不可窮黷於外者也。若示於人，外終有敗績之辱，豈不愼哉！」⑫

老子雖然反對戰爭，但是並不是完全拒絕戰爭。在不得已的情況下，他還是會奮勇應戰的。但是他主張要「恬淡爲上」（第三十一章），不可熱衷，否則便是樂殺人者；「樂殺人者將不可得志於天下。」（第三十一章）

第二節　老子的用兵之道——以奇用兵

老子雖然反戰，但並不是反對一切戰爭，在不得已的情況下，他還是會奮勇作戰的。他的作戰目的，並非為了掠奪別人的財物，侵略他人的土地，主要是為了救濟困危，所以他說：「善有果而已，不敢以取強。」（第三十章）王弼註說：「果猶濟也。」⑬濟就是救濟困危的意思。所謂救濟困危，就是今人所說的自衛戰和濟弱扶傾的戰爭。

戰爭既然不可避免，便不得不講究用兵之道。老子的用兵之道，是「以奇用兵」，所以他說：「以正治國，以奇用兵，以無事取天下。」（第五十七章）李息齋說：「我以正治人，由人之本正也。以奇用兵，由兵之本奇也。以無事取天下，由天下之本無事也。」⑭所謂「奇」是指不同於一般人所用的方法。老子到底有那些「奇異」的戰略，茲分述如下：

一、以柔克剛

一般軍事家用兵都是以強克弱，以剛克柔；可是老子卻在「柔弱」上下工夫，主張以柔弱克剛強。根據胡適先生的推測因為老子看到「狂風吹不斷柳絲，齒落而舌長存，最柔弱的水可以衝開山石，鑿成江河。」⑮

馮友蘭說：「孫武、孫臏的兵法是以強兵對強兵的兵法，老子的兵法是以弱兵對強兵。因為條件不同，所以打法也不同；打法雖不同，但最後目的還是為爭取勝利。」⑯

李澤厚先生說：「老子在對立項的列舉中，特別重視柔、弱、賤的一方，這就是『守柔日強』的思想。老子再三強調『弱者，道之用也』，主要是要人們注意到只有處於柔弱的一方，才永遠不會被戰勝。這就是說，不但不要過份暴露自己的才能、力量和優勢，要善於隱藏優勢與強大，而且不要去競賽或爭奪那種強大，要守雌、守柔，這樣才能保持自己，就能持久而有韌性，就能戰勝對方而不被轉化。」⑰

由上可知，老子用兵所以在「柔弱」上下工夫，是因爲他認爲：「柔弱勝剛強」（第三十六章），「天下之至柔，馳騁天下之至堅。」（第四十三章）

二、不敢為主而為客，不敢進寸而退尺。

老子說：

用兵有言：「吾不敢爲主而爲客，不敢進寸而退尺。」（第六十九章）

吳澄說：

爲主，肇兵端以伐人也。爲客，不得已而應敵也。⑱

蘇子由說：

進，有意於爭者也。退，無意於爭者也。⑲

吳怡說：

主是指像主人似的倡於先，客是指像客人似的隨於後。老子的哲學不強調雄先，而主張守雌。⑳

根據以上三家的註釋，所謂「吾不敢為主」，「不敢進寸」，就是不敢製造戰爭的事端，不敢主動進兵侵犯鄰國。所謂「為客」、「退尺」，就是不得已而應敵，要退讓敵人。這樣才合乎老子的「不爭之德」，結果卻「天下莫能與之爭」（第六十六章）。可是一般好戰者、侵略者卻要主動製造事端，進兵侵略鄰國。不但不為客，還要為主；不但不退寸，還要進尺。結果，不但背負好戰者的罪名，還要弄得國破家亡。

三、不武、不怒、不與。

所謂「不武」，就是不崇尚武力，不耀武揚威。因為一位善為將帥者，是以德服人，而不是以力服人，也就是孟子所說的「威天下不以兵革之利。」㉑所謂「不怒」，是指心平氣和，不隨便動氣發怒。因為只有心平氣和，才能以理智控制衝動的感情。感情不衝動，才能表現「自反而縮，雖千萬人吾往焉」㉒的大勇。有這種大勇的人，才能像武王一樣，一怒而安天下之民。所謂「不與」，就是不與敵人較力，也就是不和敵人比較軍力、武器。因為一位善於用兵的人，他的取勝之道，不在於兵力的多寡，武器的好壞。而是在於出師的理由是否正當，兵法的運用是否正確，軍隊的紀律是否嚴明。這樣的軍隊即使掣梃也可以抵抗敵人的堅甲利兵，甚至於不戰而屈人之兵。可是一般好戰者卻要耀武揚威，炫耀他的武力，處處要用大軍欺壓鄰國，結果弄得世界大亂，生靈塗炭，自己也得不到好下場。

四、勿矜、勿伐、勿驕、勿強。

矜是自恃其能。伐是自誇其功。驕是驕傲。強是逞強。

一般好戰者常常利用戰爭來炫耀自己的才能，誇耀自己的功勞，驕傲自己的武力，顯揚自己的強大。這些行爲在老子看來，都是好戰、樂殺人的表現。凡是「樂殺人者則不可得志於天下。」（第三十一章）所以老子對於戰爭的看法，主張「善有果而已，不敢以取強」，而且還要做到「果而勿矜，果而勿伐，果而勿驕，果而不得已，果而勿強」，因爲「物壯則老，是謂不道，不道早已」（第三十章）。

王淮先生說：「一切事物之發展，皆依從物理學之強度原則，而爲一拋物線之趨勢，戰爭亦復如是。凡屬拋物線之發展，有其顛峰狀態，亦有其衰弱現像，此即所謂物壯則老。」㉓用兵逞強，就像飄風驟雨，雖然來勢洶洶，聲勢浩大，但是這是不正常的現象，是不合道的。凡是不合道的、不正常的行爲，都不能維持長久，都要早日滅亡。所以，老子在用兵方面要我們勿矜、勿伐、勿驕、勿強。如此，才能合乎謙退、不爭的精神。有此「不爭之德」的人，天下沒有一個人能爭得過他。

五、哀兵必勝

老子說：

抗兵相加，哀者勝矣。（第六十九章）

王眞說：

凡言哀者，慈愛發於衷誠之謂也。㉔

蘇轍說：

聖人以慈爲寶，輕敵則輕戰，輕戰則輕殺人，喪其所以爲慈矣。兩敵相加，而吾出於不得已，則有哀心，哀心見而天人助之，雖欲不勝，不可得已。㉕

根據王眞、蘇轍的解說，哀是慈愛的意思，也就是悲天憫人的心腸。老子認爲有悲天憫人之心的軍隊，必能打勝仗。因爲這種軍隊必定不敢輕敵。所謂輕敵就是輕視敵人的生命。能重視敵人的生命，才不致草菅人命，濫殺無辜，才不會喪失慈愛之寶。所以說兩軍對抗的時候，有悲憫之心的一方常獲勝利。因此，老子說：「慈故能勇……夫慈，以戰則勝，以守則固，天將救之，以慈衛之。」（第六十七章）有慈愛之心的人必定能表現大勇，用他來攻戰必定勝利，用他來防守必定鞏固。

第三節　老子的戢兵之法

老子所以反對戰爭，是因爲戰爭會妨害生產，所以他說「師之所處，荊棘生焉；大軍之後，必有凶年。」（第三十章）戰爭容易遭到報復，所以他說「其事好還。」（第三十章）戰爭有時候是爲爭名、爭利，爭名利必須付出很大的代價，所以他說「甚愛必大費，多藏必厚亡。」（第四十四章）戰爭是貪欲不知足，貪欲不知足必有大禍臨頭，所以他說「禍莫大於不知足，咎莫大於欲得。」（第四十六章）戰爭是勇於逞強的表現，勇於逞強的人必遭殺身之禍，所以他說「勇於敢則殺。」（第七十三章）戰爭濫殺無辜，是輕視敵人的生命，將喪失自己寶貴的慈愛美德，所以他說「禍莫大於輕敵，輕敵幾喪吾寶。」（第六十九章）戰爭將禍延畜牲，連懷孕的母馬都不得安產，所以他說「天下無道，戎馬生於郊。」（第四十六章）戰爭是樂殺人的行爲，凡是樂殺人的人，一定不能得到天下人的擁戴，所以他說「樂殺人者，則不可得志於天下矣！」（第三十一章）

由上可知，戰爭會造成天下大亂，給人畜帶來許多災害。老子說：「天下神器不可爲也，不可執也。爲者敗之，執者失之。」（第二十九章）王眞把這段話應用在兵法上說：「師旅之事，不可爲也，爲者必自敗也。干戈之器，不可執也，執者必當自失也。」㉖師旅之事既然是不可爲，干戈之事既然是不可執，因此必須善加處理，才不致於禍害無窮。老子說：「上善若水，水善利萬物而不爭，處衆人之所惡，故幾於道。」（第八章）王眞解釋爲：「上善之兵，方之於水。然水之溢也，有昏墊之災；兵之亂也，有塗炭之害。故水治則潤澤萬物，通濟舟楫；兵理則鎭安庶兆，保衛家邦。若理兵能如水之不爭，又能居所惡之地而不侵者，則近道矣。」㉗理兵就像治水，水治得好就可潤澤萬物，通濟舟楫；兵理得好必能鎭安兆庶，保衛家邦。

老子最提倡「不爭之德」（第六十八章），所以制止戰爭是他的理想。王眞說：「夫天下之害，莫大於用兵；天下之利，莫大於戢兵。」㉘胡楚生先生說：「戰爭不但要謹愼小心，不敢輕敵，更須常懷謙抑之心，以柔弱爲用，以制止兵亂，爲最高理想。」㉙王眞的戢兵就是胡先生的制止兵亂。制止兵亂是善用兵者的最高理想。但是如何制止兵亂呢？老子說：「爲無爲則無不治」（第三章），又說：「夫唯不爭，故天下莫能與之爭」（第二十二章）。所以王眞說：「無爲者，戢兵之源；不爭者，息戰之本。」㉚王眞認爲戢兵息戰的本源，就在老子所說的無爲不爭。一切攻戰的原由，都出於一個「爭」字—爭名、爭利、爭土地，所以孟子說：「爭地以戰，殺人盈野；爭城以戰，殺人盈城。」㉛人人不爭，戰事自然無由發生。因此，王眞又說：「無爭則戰可息，戰可息則兵自戢矣，是故其要在於不爭。」㉜要人人不爭，必須要懂得「無爲」之理。無爲是順自然法則而不妄爲，不妄爲的人必能清心寡欲的人才能與世無爭，人與人之間沒有爭端發生，天下自然平靜安定。所以老子說：「道常無爲而無不爲，侯王若能守之，萬物將自化。化而欲作，吾將鎭之以無名之樸。無名之樸，夫亦將無欲。不欲以靜，天下將自定。」（第三十七章）

綜上所說，無爲才能無欲，無欲才能不爭，不爭則自然戰可息、兵可戢。而且，不爭才合乎天道與聖人之道，所以老子說：「天之道，利而不害；聖人之道，爲而不爭。」（第八十一章）不爭才是取勝之道，所以老子說：「不爭而善勝。」（第七十三章）不爭則天下沒有人能爭得過他，所以老子說：「以其不爭，故天下莫能與之爭。」（第六十六章）

總而言之，老子的思想是反戰的，因爲他認爲兵是不祥之器，它會造成天下大亂，禍害萬物。但是在不得已的狀況下，他還是主張要奮勇應戰。他所運用的戰略與衆不同，非常的奇特，一般兵家是以強擊弱；他卻以柔弱勝剛強。一股兵家要採取主動；他卻要採取被動。一般兵家要用兵逞強，以力服力；他卻不武、不與，要以德服人。一般兵家草菅人命，以殺敵爲快；他卻以悲憫之心來對待敵人。一般兵家利用戰爭來侵略他人的土地，搶奪他人的財物；他卻以救濟困危爲目的。正因爲他有這種慈悲心腸，所以戰必勝、守必固。

老子的戰爭哲學，其目的並不在於戰必勝、守必固；而是在於戢兵息戰。戢兵息戰之源，就在於不爭。不爭才合乎天道，不爭才合乎聖人之道，不爭天下便沒人能爭得過他。爲人處事合道才能長久，而且一生才不會有危殆。所以老子說：「夫唯不爭，故天下莫能與之爭」（第二十二章），又說：「道乃久，沒身不殆」（第十六章）。

【附註】

① 鄧雲特：《中國救荒史》第一〇三頁，台灣商務印書館，民國六十年版。
② 威爾、杜蘭：《歷史的教訓》，鄭偉民譯，第二十九頁，大江出版社，民國五十八年版。
③ 柯尼格：《社會學》，朱岑樓譯，第三一六頁，協志工業社，民國五十一年版。
④ 同註②，第七七頁。
⑤ 賀麟：《文化與人生》第二三九頁，地平線出版社，民國六十二年版。
⑥ 同註②，第三五頁。
⑦《孟子．離婁篇》。

⑧《老子》第三十一章。
⑨《老子》第三十章。
⑩王眞：《道德經論兵要義述、敘表》，藝文印書館。
⑪李澤厚：《中國古代思想史論》第九十六－九十七頁，風雲時代出版公司，民國八十年版。
⑫同註⑩，卷二第十一頁。
⑬王弼：《老子道德眞經註》第七十八頁，華正書局，民國七十年版。
⑭焦竑：《老子翼》卷五第十九頁，廣文書局，民國五十一年版。
⑮胡適：《中國古代哲學史》第六十三頁，台灣商務印書館，民國五十六年版。
⑯馮友蘭：《中國哲學史新編》第二冊第四十頁，藍燈文化公司，民國八十年版。
⑰同註⑪，第一〇二頁。
⑱吳澄：《道德眞經註》卷四第十四頁，藝文印書館。
⑲同註⑭，卷六第十一頁。
⑳吳怡：《老子解義》第四九九頁，三民書局，民國八十三年版。
㉑《孟子．公孫丑篇》。
㉒《孟子．公孫丑篇》。

㉓ 王淮：《老子探義》第一二三頁，台灣商務印書館，民國七十一年版。
㉔ 同註⑩，卷四第七頁。
㉕ 同註⑭，卷六第十一頁。
㉖ 同註⑩，卷二第十二頁。
㉗ 同註⑩，卷一第六頁。
㉘ 同註⑩，卷二第十二頁。
㉙ 胡楚生：《老莊研究》第九十六頁，學生書局，民國八十一年版。
㉚ 同註⑩，卷一第六頁。
㉛ 《孟子．離婁篇》。
㉜ 同註⑩，卷一第七頁。

第八章 結 論

老子的思想，由天道落實到人道，層次分明，條理井然，以上幾章已經詳細論說。至於緒言中所提後人對於老子思想誤解的問題，今據研究所得分別說明如下：

一、以為老子思想是消極、出世。

這是由於誤解「無爲」、「不爭」和「謙退」等觀念而來。事實上，老子的「無爲」並不是不爲或無所作爲；而是「爲無爲，事無事」（第六十三章）。他是有作爲的，只不過他的作爲是順自然而不敢妄爲的爲。他是要做事的，只不過他的做事原則是不多事。所以王弼註：「無爲，順自然也」①福永光司說：「老子的無爲，乃是不恣意行事，不孜孜營私，捨棄一己的一切心思計慮，一依天地的自然法理而行的意思。」②爲人處事能順自然而不妄爲，就沒有一樣事情做不好，這就是第三十七章所說：「無爲而無不爲」的意思。由上可知老子的思想是相當積極的。

老子的思想不但積極，而且也很入世。他看到當時的社會世衰道微，民不聊生，他的思想中有濃厚的救世熱忱。例如：他希望爲大衆服務，但不爭名爭功，所以他說：「生而不有，爲而不恃，功成而不居。」（第二章）他希望國君以無爲的原則治民愛國，所以他說：「愛國治民，能無爲乎？」（第十章）他希望國君用貴身、愛身的態度來愛護天下，所以他說：「貴以身爲天下，若可寄天下；愛以身爲天下，若可託天下。」（第十三章）他希望盜賊絕跡，父慈子孝，讓人人都能享受安和樂利的生活，所以他要：「絕聖棄智，民利百倍；絕仁棄義，民復孝慈；絕巧棄利，盜賊無有。」（第十九章）他希望人人都能盡其才，物物都能盡其用，所以他說：「聖人常善救人，故無棄人；常善救物，故無棄物。」（第二十七章）他希望國君不要肆意發動戰爭，濫殺無辜，所以他警告他們說：「樂殺人者，則不可得志於天下。」（第三十一章）他希望國君不要剝削百姓，所以他勸告他們說：「民之飢，以其上食稅之多。」（第七十五章）他希望有一個均富的社會，所以他說：「孰能有餘以奉天下？唯有道者。」（第七十七章）由以上數段文字可以看出，老子有深厚的救世思想，所以他是入世的，而不是出世的。

二、以為老子思想是反文明。

其實，老子是反對當時的社會弊端，而不是反對文明。例如：當時的國君個個好戰，以殺人爲樂；老子卻說：「以道佐人主者，不以兵強天下。」（第三十章）「夫樂殺人者，則不可得志於天下。」（第三十一章）當時的國君主張天下定於一；老子卻主張「小國寡民」。當時的國君喜用嚴刑峻法，老子卻說：「民不畏死，奈何以死懼之？」（第七十四章）當時的國君貪財好貨；老子卻說：「聖人欲不欲，不貴難得之貨。」（第六十四章）當時的國君主張重稅厚生；老子卻說：「民之飢，以其上食稅之多；民之輕死，以其上求生之厚。」（第七十五章）當時的國君想用禮來維持社會秩序；老子卻說：「禮者，忠信之薄而亂之始也。」（第三十八章）老子反對這些社會的弊端，是希望使當時僵化的制度恢復彈性，腐化的文化再生活力。所以老子是反社會而不是反文明。

三、以為老子有愚民思想。

這是由於誤解第六十五章：「古之善爲道者，非以明民，將以愚之」的「愚」的意義所致。王弼註：「愚謂無知守眞，順自然也。」③老子所謂的「愚」，並不是一般人所說的愚笨，而是能固守天眞，不用妄知的「大智若愚」的愚，這種愚乃智愚之合，與一般人所說的愚不同。④他的愚中有智，這種智才是大智，所以老子的愚並不是眞愚。既非眞愚，何來愚民思想。

四、以為老子有絕學棄智的思想。

這是由於誤解第十九章「絕聖棄智」和第二十章「絕學無憂」而來。事實上，老子把學分成「聖人之學」與「俗人之學」兩種。所講聖人之學是以道爲主，然後用體驗、印證來探討一切道理。所謂小人之學却不能以道爲主，只是口耳之傳，拾人牙慧，不見天地之純，古人之大體。老子所要絕的學就是這種俗人之學，因爲這種俗人之學，不但無益而且有害。至於聖人之學，不但不可絕，而且還要好好地學它。這種聖人之學，時人已經不學了，可是老子却要學它，所以老子說：「聖人學不學。」（第六十四章）至於智，老子把它分爲「大智」與「小智」。爲學的目的在克己復性，能克己復性，才能保持素樸天眞的本性。由這種天眞所引起的自然作用便是「眞知」；擁有這種眞知的人就是大智者。這種眞知、大智是由學聖人之學得來的。可是學俗人之學的人，却不能保持這份素樸的天眞。天眞既失，於是沈迷於物欲，爭名爭利，所表現的盡是「妄知」。表現這種妄知的人，老子稱之爲「小智」者。老子所要棄置的就是這種小智，至於大智老子不但不要棄置，還要保持它。不過擁有大智者要深藏不露，要「大智若愚」。大智若愚之「愚」乃智愚之合，與原來的愚不同。總之，老子所要絕的學是俗人之學，所要棄的智是小智。

五、以為老子思想含有陰謀權術。

這是由於誤解第三十六章經文的意義所致。老子說：

將欲歙之，必固張之；將欲弱之，必固強之；將欲廢之，必固興之；將欲取之，必固與之。

對於這段文字的誤解，韓非是第一人。⑤接著又有宋儒程明道的曲解。⑥他們都把「固」字解作「姑」或「故意」。於是這段文字的意義就成爲：「將要收縮的，必定故意（姑且）使它張開。將要衰弱的，必定故意（姑且）使它強盛……」所以就容易令人誤解爲陰謀權術。其實王純甫已經說得很清楚，他說：「將欲云者，將然之詞也。必固云者，已然之辭也。」⑦憨山解釋說：「此言物勢之自然，而人不能察。天下之物，勢極則反……故固張者，翕之象也；固強者，弱之萌也；固興者，廢之機也；固與者，奪之機也。天時人事，物理皆然。」⑧由上面的解說可知，老子這段話是在說明「物極必反」、「盛極必衰」的自然定理，這就是事物變化的通則。馮友蘭先生說：「一事物若發達至極點，則必一變而爲其反面，此即所謂『反』、所謂『復』。」⑨因此，張極必合、強極必弱……這些都是物極必反的自然定理，那有陰謀權術？

六、以為老子思想是懦弱。

這是由於誤解老子「柔弱」的意思所致。《老子》第三十六章：「柔弱勝剛強」，第七十六章：「人之生也柔弱，其死也堅強。草木之生也柔脆，其死也枯槁。故堅強者死之徒。」第七十八章：「天下莫柔弱於水，而攻堅強者莫之能勝。」這數章中「柔弱」的意義，並不是「軟弱」、「懦弱」，而是「柔軟」的意思。凡是柔軟的東西，它含蓄內斂，較富彈性，擁有無比堅韌不克的性質，所以它才能勝剛強。

七、以為老子的「小國寡民」是無政府的烏托邦。

其實，老子的理想國——小國寡民是有政府、有國君的。例如：《老子》第三章：「聖人之治，虛其心，實其腹，弱其志，強其骨。」第七章：「聖人後其身而身先，外其身而身存。」第二十六章：「奈何萬乘之主而以身輕天下。」第三十七章：「道常無爲而無不爲，侯王若能守之，萬物將自化……」以上所謂「聖人」、「侯王」、「萬乘之主」都是指國君⑩。所以老子的小國寡民是有政府，有國君的，只是這些國君都能自然無爲，讓百姓順性發展，不妄加干涉，所以百姓不知道他的存在而已。這正是第十七章「太上不知有之」的境界。

後人對於老子思想誤解的問題，依據研究所得辯解如上，若有不當之處，尚請　博雅君子賜正。

按《老子》書雖然寥寥五千言，但是言簡意賅，博大精微。數千年來，對於古今中外世人之思想言行影響甚大。張默先生說：

> 自有《老子》書以來，仁者可以見仁，智者可以見智。他好比一個大海，原是任人可以取酌的。例如說：由老子的宇宙論，發展而爲莊子的哲學；爲魏晉的玄學；甚而爲宋明的道學。由老子的無爲論，發展而爲申韓的政治哲學；應用而爲西漢的政治實施；爲歷朝以來的帝王之術。由老子的軍事論，爲千古用兵的人確守不移的原則。由老子的名相論，反應而爲惠施、公孫龍的辯學。由老子的守雌論，居後論，變而爲鬼谷子及蘇秦、張儀的揣摩之術。至於歷代高士的修眞養性，名臣的功成身退，以及一般人互相警戒的知足知止，無不導源於老子。是老子之學在五千言之中，已將宇宙人生的一切事理統統包括無遺了……英國哲學家羅素來華，有人爲他介紹

《老子》，並講了幾段給他聽，他大為驚嘆，幾乎不相信中國古代的思想家竟有這樣的奇跡。⑩

由張先生這段話可以看出，老子思想對於後人影響的遠大。其實除此之外，孔子的「無為而治」⑪的主張，就是受老子「為無為則無不治」（第三章）思想的影響。莊子「以無用為處世良方，以無為為守宗之大本」⑫也是原於老子思想。韓非雖為法家，亦以老子思想為依歸⑬。榮獲諾貝爾物理學獎的李政道教授，發現量子力學中的「測不準原理」，與老子所說的「道可道，非常道。」（第一章）的道理頗有類似的地方。英國科學家霍金的「宇宙創生於無」的理論，和老子所說：「無，名天地之始。」（第一章）的觀念不謀而合。日本當代著名哲學家與農學家福岡正信，為解救近代科學農法所造成病態農業，他依據老子「道法自然」（第二十五章）的原則而提倡「自然農法」。美國建築大師賴特，對於老子思想極為推崇，其建築理論主張不可以人工破壞自然界整體之和諧性，破壞人與自然之有機統一。⑭正是老子「自然無為」（第六十三章）的原則。一九七七年，紐約某團體將老子選為世界十大作家之一⑮。

由上可知，老子的思想對於後代影響的深遠。道德淪喪，社會混亂日趨嚴重的今日，老子回歸自然的思想，才是醫治社會病態的良方。所以，我們相信，老子的思想將傳播得更廣大，更久遠。

【附註】

①王弼：《老子註》第六頁，華正書局，民國七十年版。

②福永光司：《老子》，（引自陳鼓應《老子今註今譯》第五三頁，臺灣商務印書館，民國六十一年版。）

③同註①，第一六八頁。

④馮友蘭：《中國哲學史》第二三七頁，臺灣商務印書館，民國七十九年版。

⑤《韓非子．說林上》：「任章曰：『無故索地，鄰國必恐。彼重欲無厭，天下必懼。君予之地，智伯必驕而輕敵，鄰邦必懼而相親。以相輕之兵，待輕敵之國，則智伯之命不長矣。』周書云：『將欲敗之，必姑輔之。將欲取之，必姑予之。』君不如予之，以驕智伯。」由上文可知，《周書》已將「固」解釋爲「姑」。而且韓非已將《老子》第三十六章經文當作陰謀應用。

⑥程明道說：「予奪翕張，理所有也。而老子之言非也。予之之意，乃在乎取之；張之之意，乃在乎翕之。權詐之術。」（熊賜履《學統．老子》）

⑦焦竑：《老子翼》第三一六頁，廣文書局，民國五十一年版。

⑧釋德清：《老子道德經解》第一冊第五十一頁，藝文印書館。
⑨同註④，第二二六頁。
⑩高亨：《老子正詁》：「老子書言聖人者凡三十處，皆有位之聖人，而非無位之聖人也。」啓明書局，民國六十八年版。
⑪張默生：《老子章句新解》第五頁，樂天出版社，民國六十一年版。
⑫《論語．衛靈公》：「無爲而治者，其舜也歟？夫何爲哉？恭己正南面而已矣！」
⑬林尹：《中國學術思想大綱》第五十八頁，國民出版社，民國四十五年版。
⑭《史記．老莊申韓列傳》：「韓非者，韓之諸公子也。喜刑名法術之學，而歸本於黃老。」
⑮葛榮晉：《道家文化的科學價值》，中國人民大學出版社。
⑯王煜：《老莊思想論集》第五五一頁，聯經出版事業公司，民國七十九年版。

參考書目

一、老子專著

帛書老子　　河洛圖書出版社

老子道德經　河上公　華正書局

老子道德眞經註　王弼　華正書局

道德經古本篇　傅奕　藝文印書館

道德經開題序訣義疏　成玄英　藝文印書館

道德經論兵要義述　王眞　藝文印書館

道德眞經傳　陸希聲　藝文印書館

老子解　蘇轍　藝文印書館

道德眞經集解　董思靖　藝文印書館

老子道德經古本集註　范應元　藝文印書館
道德眞經註　吳　澄　藝文印書館
老子集解　薛　蕙　藝文印書館
老子道德經解　釋德清　藝文印書館
老子翼　焦　竑　廣文書局
老子本義　魏　源　世界書局
評點老子　嚴　復　廣文書局
老子正詁　高　亨　開明書店
老子達解　嚴靈峯　華正書局
老子章句新編　嚴靈峯　中華文化出版社
老子校釋　朱晴園　世界書局
老子章句新解　張默生　樂天出版社
老子校詁　馬敍倫　綜合出版社
老子今註今譯　陳鼓應　臺灣商務印書館
老子新譯　任繼愈　谷風出版社

新譯老子讀本 余培林 三民書局
老子探義 王 淮 臺灣商務印書館
新譯老子解義 吳 怡 三民書局
老子釋義 黃登山 學生書局
老子研讀須知 嚴靈峯 正中書局
老子哲學 梁啓超 三達書局
老子哲學 張起鈞 正中書局
老子哲學辨微 張岱年 山東人民出版社
老子研究 許抗生 水牛出版社
帛書老子註釋與研究 許抗生 浙江人民出版社
老子的哲學 王邦雄 東大圖書公司
老子的智慧 林語堂 大漢出版社
老學九篇 陳 柱 鴻宇出版社
老子學術思想 張揚明 黎明文化事業公司
老子考證 張揚明 黎明文化事業公司

老子之道治主義	賀榮一	五南圖書公司
老子探微	朱榮智	師大書苑
老子考述	周次吉	文津出版社
老子的哲學	大濱皓（李君奭譯）	專心企業公司
老子哲學評論	譚宇權	文津出版社
老子身世及其兵學思想探賾	袁宙宗	臺灣商務印書館
老子其人其書及其道論	詹劍峯	湖北人民出版社
老子微	陳　琳	文史哲出版社
老子中庸思想	曾爲惠	文史哲出版社
竹簡帛書論文集	鄭良樹	源流出版社
老莊哲學	胡哲敷	臺灣中華書局
老莊哲學	吳　康	臺灣商務印書館
老莊新論	陳鼓應	五南圖書公司
老子的政治思想	蔡明田	藝文印書館
孔孟老莊的平等精神	傅武光	文津出版社

老子思想的史官特色　王　博　文津出版社
老子哲學之詮釋與重建　袁保新　文津出版社
老子道德經管窺　葉程義　文史哲出版社
老莊研究　李泰棻　人民出版社
老莊思想與西方哲學　杜牧善（宋稚青譯）　三民書局
老莊研究　胡楚生　學生書局
老莊思想論集　王　煜　聯經出版事業公司
古史辨第四冊、第六冊（有關老子專題研究）　明倫出版社

二、四部典籍

㈠經部

周易正義　王　弼、韓康伯註、孔穎達正義　藝文印書館
尚書正義　孔安國傳、孔穎達正義　藝文印書館
毛詩正義　毛　公傳、鄭　玄箋、孔穎達等正義　藝文印書館
論語註疏　何　晏等註、邢　昺疏　藝文印書館

孟子註疏 趙岐註、孫奭疏 藝文印書館

(二)史部

史記 司馬遷撰、裴駰集解、張守節正義 藝文印書館

漢書 班固撰、顏師古註 藝文印書館

隋書 魏徵撰 藝文印書館

(三)子部

墨子閒詁 孫詒讓 世界書局

孫子兵法 孫武 大方書局

莊子集釋 郭慶藩 華正書局

荀子集解 王先謙 世界書局

韓非子集釋 陳奇猷 華正書局

(四)集部

古詩源 沈德潛 華正書局

三、學術思想

中國古代哲學史　胡　適　臺灣商務印書館
中國哲學史　勞思光　三民書局
中國哲學史　馮友蘭　臺灣商務印書館
中國哲學史　周世輔　三民書局
中國哲學史　謝无量　臺灣中華書局
中國古代哲學史　陳元德　臺灣中華書局
中國哲學史　任繼愈　中國人民出版社
中國哲學史　李錦全　中國人民出版社
中國學術思想大綱　林　尹　國民出版社
中國思想史　韋政通　大林出版社
中國古代思想史論　李澤厚　風雲時代出版社
中國哲學思想論集、先秦篇　梁啓超等　水牛出版社
中國哲學範疇導論　葛榮晉　萬卷樓圖書公司
中國哲學十九講　牟宗三　學生書局
中國哲學思想史　羅　光　學生書局

中國哲學通史　葛榮晉　萬卷樓圖書公司

中國哲學史綱　范壽康　開明書店

中國哲學思想批判　韋政通　水牛出版社

中國政治思想史　陶希聖　全民出版社

中國政治思想史　蕭公權　聯經出版事業公司

中國政治思想史　曾繁康　大中國圖書公司

中國政治哲學概論　陳啓天　華國出版社

中國政治思想史　楊幼炯　臺灣商務印書館

中國政治思想史　呂振羽　三聯書店

中國古代政治思想史　劉澤華　南開大學出版社

中國政治思想史　朱日耀　人民大學出版社

先秦政治思想史　梁啓超　東大圖書公司

先秦政治思想　王雲五　臺灣商務印書館

先秦政治思想　邱來晉　帕米爾書店

先秦民本思想　游喚民　湖南師大出版社

中國先秦與希臘哲學之比較 高懷民 自印本
先秦道家思想研究 張成秋 臺灣中華書局
道家思想史綱 黃釗 湖南師大出版社
易傳與道家思想 陳鼓應 臺灣商務印書館
道家哲學系統探微 黃公偉 新文豐出版社
哲學辨微 張岱年 山東人民出版社
哲學概論 唐君毅 孟氏教育基金會
哲學概論 范錡 臺灣商務印書館
西洋哲學史話 鄔昆如 三民書局

四、其他專著

中國人性論 徐復觀 臺灣商務印書館
中國古代哲學發展的地域性 任繼愈 臺灣中華書局
學術與政治之間 徐復觀 學生書局
社會學 柯尼爾著、朱岑樓譯 協志工業社

周易與中國文化之根　張立文　人民大學出版社
中國救荒史　鄧雲特　臺灣商務印書館
道家文化與現代文明　葛榮晉　人民大學出版社
道家與科學　金正耀　社會科學出版社
先秦美學史　李澤厚、劉綱紀　金楓出版社
諸子通考　蔣伯潛　正中書局
談修養　朱光潛　前衛出版社

五、期刊論文

老子論天與道　傅佩榮　哲學與文化　十二卷四期　七十四年四月
斯賓諾沙與老子　傅佩榮　哲學與文化　十二卷四期　七十四年四月
馬王堆帛書老子開拓了研究新境界　嚴靈峯　國文天地　五卷九期
道德經第三十六章的現代詮釋　王邦雄　鵝湖學誌　九卷五期　七十二年十一月
道家與易經之道　胡自逢　中華易學　九卷三、四期
王弼老學之大智與小智　張成秋　新竹師院學報　一期

老子的形上思想　沈清松　哲學與文化　十五卷十二期　七十七年十二月
老子的形上學　陳品卿　中國學術年刊　十期　七十八年二月
老子「人法地、地法天、天法道、道法自然」的義理疏證　鄭志明　鵝湖學誌　十二卷五期　七十五年十一月
有關老子思想易生誤解之研究　成源發　臺北師專學報　十一期　七十三年六月
老子其人其書之探討　陳德昭　銘傳學報　二四期　七十七年十月
論老子思想中道與德的關係　毛忠民　警專學報　一卷一期　七十七年六月
老學與易學　蕭天石　道教文化　二卷十一期
老子道德經中「道、一、無、有」關係之考述　蔡宗陽　教學與研究　八期　七十五年六月
論老子的弱道哲學　余培林　國文天地　四卷十一期　七十八年四月
論老子權謀在兵法上的應用　徐文助　教學與研究　六期　七十三年五月
老子哲學中的有無問題　張德麟　孔孟月刊　二九卷八期　八十年四月
老子受易經的影響　杜而未　恆毅　二五卷七期
老子哲學中道概念的分析　胡大山　臺大哲研所　五十七年